# Klassischer Zitaten-Schatz

Eine Auswahl

# Klassischer Zitaten-Schatz

## Eine Auswahl

Zusammenstellung und Redaktion:
Maasburg GmbH, München
Innengestaltung: Eva Lörsch, Miesbach,
und Uschi Müller, München
Umschlag und Konzeption: Bine Cordes, Weyarn
Printed in Germany
ISBN 3-929626-00-4

# Vorwort

Zitate sind immer wieder verwendete, prägnant formulierte Gedanken, Erkenntnisse und Erfahrungen, die uns entweder aus der Literatur oder von historischen Urhebern überliefert sind.

Früher war es durchaus üblich, im Gespräch oder auch im Briefverkehr Zitate zu verwenden – sie bewiesen umfangreiche Bildung. Heute wird viel weniger zitiert als noch vor 50 oder 100 Jahren.

Doch der Schatz, den unser Volk über Jahrhunderte aus "großen Worten großer Geister" angesammelt hat, behält auch in unserer Zeit durchaus seinen kulturellen Wert – und darf außerdem auch Lesevergnügen bereiten. Dieser Gedanke lag der vorliegenden Sammlung klassischer Zitate von 48 großen Dichtern und Denkern zugrunde.

Die Lektüre von Zitaten kann nicht nur bereichern, sie kann auch kurzweilig sein und den bekannten "Aha"-Effekt erzeugen. Denn man stellt beim Lesen von Zitaten immer wieder mit Erstaunen fest, wie sehr sie grundlegende Wahrheiten und Erfahrungen bestätigen. Und daß vieles, das ganz selbstverständlich dem eigenen Sprach- und Denkschatz angehört, ja ein Zitat ist, und zwar von diesem oder jenem Autor: "Sieh an, daher stammt das." Entdeckungen dieser Art sind auch ein intellektuelles Vergnügen.

Es gibt keinen ehrlicheren Weg zur Armut,
als in ihr geboren zu sein;
denn auch unser Heiland ward in ihr geboren.

☆

Bewundern kann der Mensch allein,
und alles Bewunderung Erregende
ist ein Bote Gottes.

☆

O Mutter, halte dein Kind warm,
die Welt ist kalt und helle,
und trag es fromm in deinem Arm
an deines Herzens Schwelle.

Mein Schatz ist ausgeblieben,
ich bin so ganz allein,
im Lieben wohnt Betrüben
und kann nicht anders sein.

☆

Der goldne Tag ist heimgegangen;
ich sah ihn über die Berge ziehn,
und all mein sehnendes Verlangen
floh mit ihm hin.

☆

Was reif in diesen Zeilen steht,
was lächelnd winkt und sinnend fleht,
das soll kein Kind betrüben;
die Einfalt hat es ausgesät,
die Schwermut hat hindurchgeweht,
die Sehnsucht hat's getrieben.

☆

Herr, es gibt schier kein
größeres Unglück als dieses,
weil keine Ruhe, kein Friede möglich ist,
weil alles nach einem verlangt.

Vergangen sei vergangen
und Zukunft ewig fern:
In Gegenwart gefangen
verweilt die Liebe gern.

☆

Es wird kein stolzes Schloß gebauet,
es wird kein edles Bild geschnitzt,
die Liebe hat es durchgeschauet,
die Liebe hat hindurchgeblitzt.

☆

Vergiß mein nicht, du treues Herz,
bleib treu mir in der Ferne,
ohn' dich ist alle Freude Schmerz,
ohn' dich sind dunkel die Sterne.

☆

Ist's wahr, o Herr, warst du mir nah,
warum willst du denn scheiden?
Umfing mich Leid, als ich dich sah,
o Herr, so gib mir Leiden!

☆

Der Sinn des Menschen
strebet immer nach dem Unbegreiflichen,
als sei dort das Ziel der Laufbahn.

Wenn er bei Tage so hier säße,
würde ich glauben, er sei ein Lehnerich,
so ein Tagedieb, der sich an die Häuser lehnt,
damit er nicht umfällt vor Faulheit.

☆

Gerechtigkeit ist besser als Pardon.
Was hilft aller Pardon auf Erden?
Wir müssen doch alle vor das Gericht.

☆

Gewinnst du nicht, so werde selbst Gewinn;
entwickle dich in Form und Licht und Tönen,
so wird der Heimat Bürgerkranz dich krönen.

☆

Man soll keinen guten Willen von sich weisen,
wenn er einem auch grade nicht nottut,
sonst möchte der liebe Freund ausbleiben,
wenn er ein andermal gar willkommen wäre.

☆

Seine Gedanken flogen aus
wie der Rabe aus der Arche,
ahndeten, aber fanden nicht einen Grund,
wo sich niederlassen, und kehrten zurück
in sein Haupt ohne Trost.

Der Mensch muß denken,
und ich muß für meine Untertanen denken:
denn sie denken nicht, sie denken nicht.

☆

Die Revolution ist wie Saturn,
sie frißt ihre eigenen Kinder.

☆

Puppen sind wir
von unbekannten Gewalten
am Draht gezogen;
nichts, nichts wir selbst!

Ich habe noch eine gewisse Dosis
Enthusiasmus zu verbrauchen;
aber wenn ich alles recht warm gekocht habe,
so brauche ich eine unendliche Zeit,
um einen Löffel zu finden, mit dem ich das Gericht
esse, und darüber steht es ab.

Dem Glücklichen schlägt kein Gewissen.

☆

Das sogenannte böse Gewissen
sollte eigentlich das gute heißen,
weil's ehrlich die Wahrheit sagt.

☆

Zur Tugend, wie man zu sagen pflegt,
ist eigentlich keiner recht aufgelegt.

☆

Ach, ich fühl es! Keine Tugend
ist so recht nach meinem Sinn;
stets befind ich mich am wohlsten,
wenn ich damit fertig bin.

Dahingegen so ein Laster,
ja, das macht mir viel Pläsier;
und ich hab die hübschen Sachen
lieber vor als hinter mir.

☆

Wie wolltest du dich unterwinden,
kurzweg die Menschen zu ergründen.
Du kennst sie nur von außenwärts.
Du siehst die Weste, nicht das Herz.

☆

Ich nahm die Wahrheit mal aufs Korn
und auch die Lügenfinten.
Die Lüge machte sich gut von vorn,
die Wahrheit mehr von hinten.

☆

Das Gute – dieser Satz steht fest –
ist stets das Böse, was man läßt.

☆

Dummheit, die man bei den anderen sieht,
wirkt meist erhebend aufs Gemüt.

☆

So ist's in alter Zeit gewesen,
so ist es, fürcht ich, auch noch heut.
Wer nicht besonders auserlesen,
dem macht die Tugend Schwierigkeit.

Aufsteigend mußt du dich bemühen,
doch ohne Mühe sinkest du.
Der liebe Gott muß immer ziehen,
dem Teufel fällt's von selber zu.

☆

Ich bin Pessimist für die Gegenwart,
aber Optimist für die Zukunft.
Gott zieht uns an der Hand, der einen,
Der Teufel zieht an beiden Beinen.

☆

Dumme Gedanken hat jeder,
nur der Weise verschweigt sie.

☆

Nur in der Tiefe der Seele, mit Hilfe jener Kraft,
die stärker ist als alle Vernünftigkeit,
kann Trost und Ruhe gefunden werden.

☆

Will das Glück nach seinem Sinn
dir was Gutes schenken,
sage Dank, und nimm es hin
ohne viel Bedenken.
Jede Gabe sei begrüßt, doch vor allen Dingen:
Das, worum du dich bemühst,
möge dir gelingen!

Vater werden ist nicht schwer,
Vater sein dagegen sehr.

☆

Ach der Tugend schöne Werke,
gerne möcht ich sie erwischen,
doch ich merke, doch ich merke,
immer kommt mir was dazwischen.

☆

Ein Irrtum, welcher sehr verbreitet
und manchen Jüngling irritiert,
ist, daß die Liebe eine Sache,
die immer viel Vergnügen mache.

☆

Wenn man sich einander kennet
und sich Freund und Freundin nennet,
reißt des Schicksals Donnerwort
uns aus unsern Armen fort.
Doch, obschon dies zu beklagen,
muß man nicht sogleich verzagen,
denn der Freundschaft lange Hand
reicht bis durch den Zollverband.

☆

Mit sich selbst ist man nicht immer in der
vornehmsten Gesellschaft.

Die Sonne bringt es an den Tag.

☆

Nur eine Mutter weiß allein,
was lieben heißt und glücklich sein.

☆

Der Moment allein gehört dem Menschen,
im Momente lebt er, drum kauft er um der Zukunft
teuren Preis des Augenblicks rasch entflohne Lust.

☆

Die Kinder sind mein liebster Zeitvertreib.

Das Glück ist nur die Liebe,
die Liebe ist das Glück.

☆

Die Gegenwart ist falsch, das Leben lügt.

☆

Stellt willig euch
nicht taub und blind,
es rächt sich.

☆

Denn wäre nicht der Bauer,
so hättest Du kein Brot.

☆

Allein zu sein!
Drei Worte, leicht zu sagen,
und doch so schwer,
so endlos schwer zu tragen.

☆

Der Zweifel ist menschlichen Wissens Grenze,
die nur der blinde Glaube überschreitet.

☆

Das Licht, das ist das Gute;
die Finsternis die Nacht,
das ist das Reich der Sünde
und ist des Bösen Macht.

Die Welt ist ein Schauplatz.
Du kommst, siehst, gehst vorüber.

☆

Sage nicht alles, was du weißt,
aber wisse alles, was du sagst!

☆

Nichts ist so elend als ein Mann,
der alles will und der nichts kann.

☆

Die Wahrheit richtet sich
nicht nach uns, lieber Sohn,
sondern wir müssen uns nach ihr richten.

Was du sehen kannst, das siehe,
und brauche deine Augen.
Und über das Unsichtbare und Ewige
halte dich an Gottes Wort.

☆

Sei gewiß, daß nichts dein Eigentum sei,
was du nicht inwendig in dir hast.

☆

Einerlei Gefühl, einerlei Wunsch,
einerlei Hoffnung einigt.

☆

Niemand ist frei, der nicht über sich selbst Herr ist.

☆

Die Freiheit besteht darin, daß man alles das tun
kann, was einem andern nicht schadet.

☆

Die Genügsamkeit ist ein großes Ding und steht fest;
sie hat keine Neider und Verfolger,
und deswegen scheint sie uns auch den Göttern am
ähnlichsten zu machen.

☆

Tue das Gute vor dich hin und bekümmre dich nicht,
was daraus werden wird.

Wir ahnen nur und suchen,
ein jeder auf seinem Wege und gehen irre.

☆

Menschliche Werke, wie alle Dinge dieser Welt,
wanken und verändern Gestalt und Farbe.
Die Wahrheit bleibt und wanket nicht.

☆

Alle Menschen haben eine Ahnung
und Idee der Wahrheit in sich.

☆

Verlaß dich nicht auf diese Welt:
Sie ist Schaum, der zusammenfällt.

☆

Nimm wahr die Zeit: sie eilet sich
und kommt nicht wieder ewiglich.

☆

Oh, die Natur schuf mich im Grimme!
Sie gab mir nichts als eine schöne Stimme.

☆

Es ist leicht zu verachten, Sohn,
aber verstehen ist viel besser.

Betrüge nicht; du hast nicht Rast noch Ruh,
wenn du betrogen hast.

☆

Ich kann nichts anderes aussinnen,
als daß man selbst sein muß,
was man die Kinder machen will.

☆

Der Winter ist ein rechter Mann,
kernfest und auf die Dauer.

☆

Worte sind nur Worte, und so sie so gar leicht
und behende dahinfahren, da sei auf deiner Hut;
denn die Pferde, die den Wagen mit Gütern
hinter sich haben, gehen langsameren Schrittes.

☆

Wir pflügen und wir streuen
den Samen auf das Land:
doch Wachstum und Gedeihen
steht nicht in unsrer Hand.

☆

Wenn jemand eine Reise tut,
so kann er was erzählen.

Was die Schelme nicht stehlen,
das verderben die Narren.

☆

Wer nach seiner Überzeugung handelt,
und sei sie noch so mangelhaft,
kann nie ganz zugrundegehen,
wogegen nichts seelentötender wirkt,
als gegen das innere Rechtsgefühl
das äußere Recht in Anspruch zu nehmen.

☆

Der eigentliche Kern der Freundschaft:
ein Glaube, ein Hoffen, ein gemeinsames Werk! –
Es liegt eine große Freude darin.

An des Balkones Gitter lehne ich
und warte, du mildes Licht, auf dich.

☆

Entsetzen hat den kranken Wald gepackt...
Wie Ast an Ast sich ächzend reibt und
knackt...

☆

Du lockst mich wie ein Hafen,
wo alle Stürme stumm:
O, schlafen möcht ich, schlafen,
bis meine Zeit herum!

☆

Ein Herz, das übervoll von Glück und Leid
und Bildern seliger Vergangenheit.

☆

In deiner Stirne Herrscherthron
leisten die Gedanken Fron...

☆

Denn jenseits weiß ich sie,
die grüne Gartenbank,
wo ich das Leben früh
mit glühend Lippen trank...

Schläft ein Lied in allen Dingen,
die da träumen fort und fort,
und die Welt hebt an zu singen,
triffst du nur das Zauberwort.

☆

Nach Ruh' sehnt sich
die Menschenbrust vergeblich.

☆

Wer einen Dichter recht verstehen will,
muß seine Heimat kennen.

Die Welt mit ihrem Gram und Glücke
will ich, ein Pilger, froh bereit
betreten nur wie eine Brücke
zu dir, Herr, übern Strom der Zeit.

☆

Der Dichter ist das Herz der Welt.

☆

Gedanken gehn und Lieder
Fort bis ins Himmelreich.

☆

Nacht ist ein stilles Meer,
Lust und Leid und Liebesklagen
Kommen so verworren her
In dem linden Wellenschlagen.

☆

Bequeme Rast ist nicht des Lebens wert.

☆

Ewig bleiben treu die Alten.

☆

O schöner grüner Wald,
Du meiner Lust und Wehen
Andächt'ger Aufenthalt.

Magst du zu den Alten halten
Oder Altes neu gestalten,
Mein's nur treu und laß Gott walten!

☆

Was zagt ihr träg und blöde?
Was schön ist, wird doch dein!
Die Welt tut nur so spröde,
Und will erobert sein.

☆

Und keiner kennt den letzten Akt
Von allen, die da spielen,
Nur der da droben schlägt den Takt,
Weiß, wo das hin will zielen.

☆

Die Jahre wie die Wolken gehn
Und lassen mich hier einsam stehn.

☆

Jetzt kenn ich dich – Gott steh mir bei!
Du bist die Hexe Lorelei.

☆

Komm, Trost der Welt, du stille Nacht!
Wie steigst du von den Bergen sacht...

Da geh'n die einen müde fort,
die andern nah'n behende,
das alte Stück, man spielt's so fort
und kriegt es nie zu Ende.

☆

Das Beßre auf den Trümmern aufzuführen,
muß sich nun Geisterkampf lebendig rühren.

☆

Oh wunderbarer Nachtgesang:
von fern im Land der Ströme Gang,
Leis schauern in den dunklen Bäumen –
wirrst die Gedanken mir,
mein irres Singen hier
ist wie ein Rufen nur aus Träumen.

Vertage die Sorgen bis auf morgen,
eh' du's gedacht, kommt Hilfe über Nacht.

☆

Tröste dich, die Stunden eilen,
und was all dich drücken mag,
auch das Schlimmste kann nicht weilen,
und es kommt ein andrer Tag.

☆

Sei heiter!
Es ist gescheiter als alles Gegrübel; –
Gott hilft weiter, zur Himmelsleiter
werden die Übel.

Aus weisem Mund ein weises Wort,
das warnt und wehrt und hilft und rät,
hoch steht's im Preis an jedem Ort heut,
wo die Torheit rings sich bläht;
und doch - der Weise streb' allein,
ins eigne Herz hinab zu steigen,
die Kunst des Worts mag silbern sein,
doch golden ist die Kunst, zu schweigen!

☆

Überlaß es der Zeit

Erscheint dir etwas unerhört,
bist du tiefsten Herzens empört,
bäume nicht auf, versuch's nicht mit Streit,
berühr es nicht, überlaß es der Zeit.
Am ersten Tag wirst du feige dich schelten,
am zweiten läßt du dein Schweigen schon gelten,
am dritten hast du's überwunden;
alles ist wichtig nur auf Stunden,
Ärger ist Zehrer und Lebensvergifter,
Zeit ist Balsam und Friedensstifter.

☆

Ruhig sein, nicht ärgern, nicht kränken,
ist das allerbeste Schenken;
aber mit diesem Pfefferkuchen
will ich es noch mal versuchen.

Gaben, wer hätte sie nicht? Talente –
Spielzeug für Kinder. Erst der Ernst macht
den Mann, erst der Fleiß das Genie.
Kluge Leute freu'n sich des Heute; –
liebe wieder, was dich geliebt,
und genieße dankbar, was Gott dir gibt.

☆

Tritt ein für deines Herzens Meinung
und fürchte nicht der Feinde Spott,
bekämpfe mutig die Verneinung,
so du den Glauben hast an Gott.

☆

Leicht zu leben ohne Leichtsinn,
heiter zu sein ohne Ausgelassenheit,
Mut zu haben ohne Übermut,
Vertrauen und freudige Ergebung
zeigen, ohne türkischen Fatalismus –
das ist die Kunst des Lebens.

☆

Die Frage bleibt
Halte dich still, halte dich stumm,
nur nicht forschen, warum? warum?
Nur nicht bittre Fragen tauschen,
Antwort ist doch nur wie Meeresrauschen.
Wie's dich auch aufzuhorchen treibt,
das Dunkel, das Rätsel, die Frage bleibt.

Was ist Glück? Daß man gut geschlafen hat und
daß einen die neuen Stiefel nicht drücken.

☆

Es kann die Ehre dieser Welt dir keine Ehre geben,
was dich in Wahrheit hebt und hält,
muß in dir selber leben.

☆

Nicht Glückes bar sind deine Lenze,
du forderst nur des Glücks zu viel;
gib deinem Wunsche Maß und Grenze,
und dir entgegen kommt das Ziel.

☆

Das ist das höchste Glück:
alte Liebe kehrt täglich neu zurück;
es bleibt beim alten –
auch die Worte, die du im Ohr behalten.

☆

Das Glück, kein Reiter wird's erjagen,
es ist nicht dort, es ist nicht hier;
lern überwinden, lern entsagen,
und ungeahnt erblüht es dir.

☆

Aller Größe Keim, er heißt Entsagung.

Erst unter Kuß und Spiel und Scherzen
erkennst du ganz, was Leben heißt;
oh lerne denken mit dem Herzen,
und lerne fühlen mit dem Geist.

☆

Abschiedsworte müssen kurz sein
wie Liebeserklärungen.

☆

Nur in der Arbeit wohnt der Frieden,
und in der Mühe wohnt die Ruh!

☆

Courage ist gut, aber Ausdauer ist besser.
Ausdauer, das ist die Hauptsache.

☆

Luft und Licht heilen, und Ruhe heilt,
aber den besten Balsam spendet doch
ein gütiges Herz.

☆

Bücher haben Ehrgefühl.
Wenn man sie verleiht,
kommen sie nicht mehr zurück.

Erde gleißt auf Erden in Gold und Pracht;
Erde wird Erde, bevor es gedacht.
Erde türmt auf Erden Schloß, Burg, Stein;
Erde spricht zur Erde: Alles wird mein!

☆

Am Mute hängt der Erfolg.

☆

Du wirst es nie zu Tücht'gem bringen
bei deines Grames Träumereien:
Die Tränen lassen nichts gelingen;
wer schaffen will, muß fröhlich sein.

☆

Wo Verstand befiehlt, ist der Gehorsam leicht.

☆

Wenn man glücklich ist, soll man nicht
noch glücklicher sein wollen.

☆

Große Zeit ist es immer nur,
wenn's beinah schief geht, wenn man jeden
Augenblick fürchten muß: Jetzt ist alles vorbei.

☆

In der Aufstellung unserer Grundsätze sind wir
strenger als in ihrer Betätigung.

**Absender**

Elisabeth Antoni

Vorname Name

6741 Ranschbach

Postleitzahl Ort

Hauptstr. 131

Straße Hausnummer

10. 4. 1964

Geburtstag Geburtsjahr

Anschriften von meinen Freunden,
die auch BOJE-Prospekte bekommen möchten:

Ute Altschuh

Vorname Name

6740 Wollmesheim

Postleitzahl Ort

Hauptstr.

Straße Hausnummer

1964

Geburtstag Geburtsjahr

Vorname Name

Postleitzahl Ort

Straße Hausnummer

Geburtstag Geburtsjahr

Bitte mit
20 Pf
freimachen

**An den**

**Boje-Käpt'n Fischer**
**im BOJE-VERLAG**

**7 STUTTGART 1**

**Postfach 1278**

## *Liebe Leseratte,*

jetzt hältst Du also wieder einmal ein BOJE-BUCH in der Hand.

Hast Du es schon ausgelesen? – Dann sei so lieb und tu mir einen kleinen Gefallen: Fülle bitte diese Karte aus und schicke sie an mich zurück. Deine Meinung über dieses Buch und Deine Lesewünsche interessieren mich sehr! Außerdem kenne ich dann Deinen Namen und Deine Adresse und kann Dir regelmäßig die neuesten BOJE-Prospekte zusenden.

Herzliche Grüße
Dein
BOJE-KÄPT'N FISCHER

Welchem BOJE-BUCH hast Du diese Karte entnommen? Doris Fahrt ins Glück

Wie hat Dir dieses BOJE-BUCH gefallen? sehr gut / gut / nicht besonders gut / überhaupt nicht (Zutreffendes bitte unterstreichen)

Was für Bücher liest Du besonders gern? (Zutreffendes bitte unterstreichen)

Abenteuerbücher / Indianerbücher / Detektivgeschichten / Spukgeschichten / Weltraumabenteuer / Reisebücher / Historische Erzählungen / Schulgeschichten / Mädchenromane / Erzählungen aus dem Alltagsleben / Lustig-witzige Geschichten / Tierbücher / Märchen / Sagen / Spiel- und Zeichenbücher / oder etwas ganz anderes, zum Beispiel:

..............................................................................................................

Mißklänge gibt es überall,
und nur unser ist die Schuld,
wenn wir sie übermäßig empfinden.

☆

Ein Mensch kann nicht alles wissen,
aber etwas muß jeder haben, was er
ordentlich versteht.

☆

Die deutsche Wanderlust geht zuletzt
aus dem abenteuerlichen Sehnen nach einem
idealen Land hervor.

Ein jeder achte wohl darauf, welche Träume
er im heimlichen Winkel seiner Seele hegt;
denn wenn sie erst großgewachsen sind,
werden sie leicht seine Herren!

☆

Was dem Leben jedes Menschen erst Wert gibt, ist ein besonnenes Urteil und eine stetige Arbeitskraft.

☆

Im deutschen Bürgertum liegt die edelste Kraft,
die Führerschaft auf dem Gebiete idealer
und praktischer Interessen.

☆

Es ist in allen Dingen auf Erden
Bescheidenheit nötig und Entsagung.

☆

Erst im Auslande lernt man den Reiz
des Heimatdialekts genießen;
erst in der Fremde erkennt man,
was das Vaterland ist.

☆

Je höher der Mensch steht, um so
stärkere Schranken hat er nötig,
welche die Willkür seines Wesens bändigen.

Dringt durch des Aberglaubens Nacht,
die euch zu finstern Köpfen macht.

☆

Verdiene stets das Glück,
das dir dein Stand gegeben,
den Adel erbt man nicht,
durch den wir ewig leben.

☆

Solange nichts als deiner Ahnen Pracht, als deines
Vaters Glanz, der Welt dich kenntbar macht:
Solange hast du nichts, das recht dein eigen wäre.

Vergiß die Alten (Klassiker) nicht:
sie lehren stets die Welt.

☆

Wem Farb' und Kleid ein Ansehn gegeben,
der hat Verstand, so dumm er ist.

☆

Der Eifer der Arbeit wirkt oft in einer Stunde mehr als
der mechanische, schläfrige Fleiß in drei Stunden.

☆

Wie rühmlich ist's von seinen Schätzen
ein Pfleger der Bedrängten sein
und lieber minder sich ergötzen.

☆

Berühmt zu werden ist nicht schwer,
Man darf nur viel für kleine Geister schreiben.

☆

Mensch, mache dich verdient
um anderer Wohlergehen,
denn was ist göttlicher, als wenn du liebreich bist
und mit Vergnügen eilst, dem Nächsten beizustehen,
der wenn er Großmut sieht, großmütig dankbar ist.

☆

...der Dichtkunst ganze Kraft
besteht in Natur, Geschmack und Wissenschaft!

Geburt und Grab, ein ewiges Meer,
ein wechselnd Weben, ein glühend Leben!

☆

Es muß von Herzen gehen,
was auf Herzen wirken soll.

☆

Der größte Mensch bleibt stets ein Menschenkind.

☆

Ich hör es gern, wenn auch die Jugend plappert:
Das Neue klingt, das Alte klappert.

Wie vieles ist leider nicht in unserer Erziehung
und in unseren bürgerlichen Einrichtungen,
wodurch wir unsere Kinder zur
Tollheit vorbereiten!
Sag nur, wie trägst du so behaglich
der tollen Jugend anmaßlich Wesen?
Fürwahr, sie wäre unerträglich,
wär' ich nicht auch unerträglich gewesen.

☆

Man könnt' erzogne Kinder gebären,
wenn die Eltern erzogen wären!

☆

Die Eltern möchten den Kindern
meistenteils nur gewähren,
was sie selbst in früherer Zeit genossen.

☆

Wenn dir's in Kopf und Herzen schwirrt,
was willst du Bess'res haben!
Wer nicht mehr liebt und nicht mehr irrt,
der lasse sich begraben!

☆

Edel sei der Mensch, hilfreich und gut!

Man feiere nur, was glücklich vollendet ist.
Alle Zeremonien am Anfange erschöpfen Lust und
Kräfte, die das Streben hervorbringen und
uns bei einer fortgesetzten Mühe beistehen sollen.
Unter allen Festen ist das Hochzeitsfest
das unschicklichste; keins sollte mehr in Stille,
Demut und Hoffnung begangen werden als dieses.

☆

In seiner Jugend glaubt jeder, daß die Welt
eigentlich erst mit ihm angefangen habe und
daß alles eigentlich um seinetwillen da sei.

☆

Es ist nötig, in der Erziehung
die Einbildungskraft nicht zu beseitigen,
sondern zu regeln, ihr durch zeitig vorgeführte,
edle Bilder Lust am Schönen, Bedürfnis
des Vortrefflichen zu geben.

☆

Die Neigung der Jugend zum Geheimnis,
zu Zeremonien und zu großen Worten
ist außerordentlich und oft ein Zeichen
einer gewissen Tiefe des Charakters.

Es bildet ein Talent sich in der Stille,
sich ein Charakter in dem Strom der Welt.

☆

Im Ehestand muß man sich manchmal streiten,
denn dadurch erfährt man was voneinander.

☆

Die Frauen sind eitel von Hause aus; doch
es kleidet sie, und die gefallen uns desto mehr.

☆

Ein edler Mann wird durch ein gutes Wort
der Frauen weit geführt.

☆

Ich wünsche mir eine hübsche Frau,
die nicht alles nähme gar zu genau,
doch aber zugleich am besten verstände,
wie ich mich selbst am besten befände.

☆

Die Frauen sind unüberwindlich:
erst verständig, daß man nicht widersprechen kann, –
liebevoll, daß man sich hingibt, –
gefühlvoll, daß man nicht wehtun mag, –
ahnungsvoll, daß man erschrickt.

Liebt euch und verzeiht euch
kleine Schwachheiten und trachtet,
daß euch die gegenseitige Liebe
alles ersetzet!

☆

Niemals fehlt es Frauen an einer Träne
bei ihren Schalkheiten
niemals an einer Entschuldigung
ihres Unrechtes.

☆

Heut ist mir alles herrlich; wenn's nur bliebe!
Ich sehe heut durchs Augenglas der Liebe.

☆

Wunderlichstes Buch der Bücher
ist das Buch der Liebe!
Aufmerksam hab' ich's gelesen:
wenig Blätter Freuden,
ganze Hefte Leiden!

☆

Freudvoll und leidvoll, gedankenvoll sein,
langen und bangen in schwebender Pein,
himmelhoch jauchzend, zum Tode betrübt –
glücklich allein ist die Seele, die liebt.

Klugheit selbst wird schwankend irre,
zeigt die Liebe nicht den Pfad.
Das Opfer, das die Liebe bringt,
ist das teuerste von allen!

☆

Das ist die wahre Liebe, die immer und immer
sich gleichbleibt, wenn man ihr alles gewährt,
wenn man ihr alles versagt!

☆

Welch Glück, geliebt zu werden, –
und lieben, Götter, welch ein Glück!

☆

Die Schöne bleibt sich selber selig,
die Anmut macht unwiderstehlich.

☆

Schönheit ist überall ein gar willkommner Gast.

☆

Gebt mir zu tun!
Das sind reiche Gaben.
Das Herz kann nicht ruhn,
will zu schaffen haben.

☆

Wer sich nicht nach der Decke streckt,
dem bleiben die Füße unbedeckt.

Kannst dem Schicksal widerstehen,
aber manchmal gibt es Schläge;
will's nicht aus dem Wege gehen,
ei, so geh du aus dem Wege!
Vieles wünscht sich der Mensch, und
doch bedarf er nur wenig.

☆

Jedem redlichen Bemühn,
sei Beharrlichkeit verlieh'n!

☆

Dem Tüchtigen ist diese Welt nicht stumm!

☆

Wer sichere Schritte tun will,
muß sie langsam gehen.

☆

Willst lustig leben, geh mit zwei Säcken,
einen zum Geben, einen, um einzustecken.
Da gleichst du Prinzen,
plünderst und beglückst Provinzen.

☆

Der erste Gruß ist viel tausend wert,
drum grüße freundlich jeden, der begrüßt.
Wer sich kennt, kann sicher vor- und
rückwärts gehen.

Inwendig lernt kein Mensch sein Innerstes erkennen!
Denn er mißt nach eignem Maß
sich bald zu klein und leider oft zu groß.
Der Mensch erkennt sich nur im Menschen,
nur das Leben lehret jeden, was er sei.

☆

Das Beste möcht ich euch vertrauen:
sollt erst in eignen Spiegel schauen!

☆

Setz dir Perücken auf von Millionen Locken,
setz deinen Fuß auf ellenhohe Socken,
du bleibst doch immer, was du bist!

☆

Der Geist des Widerspruchs und die Lust
zum Paradoxen steckt in uns allen.

☆

Ach, welch ein Unterschied ist es, ob man
sich oder die andern beurteilt!

☆

Wir lernen die Menschen nicht kennen,
wenn sie zu uns kommen; wir müssen zu ihnen
gehen, um zu erfahren, wie es mit ihnen steht.

Wo die Angst im Leibe steckt,
da ist auch Gefahr allenthalben.

☆

Respekt und Ansehen müssen
von selbst kommen; sie sind der Eindruck,
den unsere Person auf andere macht.

☆

Der Mensch tut so selten etwas Gutes,
daß er sich ordentlich zu dem hingezogen fühlt,
der ihm Gelegenheit dazu gegeben hat,
etwas Löbliches zu vollbringen, und seinem
Gewissen Stoff, ihn auch einmal zu rühmen.

Alle Menschen sind hochgeboren; denn alle sind gottverwandt, alle tragen in sich schöpferische Kraft.

☆

Es ist nichts törichter, als wenn ein Lehrer allzuoft und allzulang ins Predigen fällt; er richtet wahrhaftig nichts aus, als daß er sich selbsten unglücklich und bitter, den Kindern Langeweile macht.

☆

Ach, der Liebesschmerz ist der einzige Liebhaber so mancher stillen Mädchenseele.

☆

Der Mensch kennt alle Dinge der Erde, aber den Menschen kennt er nicht.

☆

Ich möchte zeigen, daß Schattenseite und Sonnenseite im menschlichen Leben nicht von äußeren Umständen, sondern von etwas Höherem abhängen.

☆

Der Teufel geht nicht immer umher wie ein brüllender Löwe, sondern sehr oft auch als ein schleichender, und die Hölle hat viel Ähnlichkeit mit einem Ofen; sie wird nicht auf einmal glühend, sondern zuerst nur lieblich warm.

Die einzige Speise, deren man nicht
satt kann werden, ist der Kuß.

☆

Beim Essen ist die Musik ein guter Prüfstein;
denn ist das Essen gut, so hört man die Musik nicht!

☆

Den einen trägt, den anderen ersäuft
die Woge des Geschicks.

☆

Wer sich albern kleidet, ist albern.

Mußt du denn besitzen, was dich erfreuet?
Unerreichbar wandeln die Sterne ihre Bahn und
jeder freut sich ihrer dennoch.

☆

An Betschwestern erkenn' ich alte Buhlerinnen ganz
so sicher wie an den Scherben eingeschlagne Töpfe.

☆

Ich bin ein Deutscher und Gelehrter,
und die beobachten auch in der Hölle,
auch in dem Schoß von Gottes Herrlichkeit,
und dann auch, wenn sie rasten.

☆

Die Erde ist so allerliebst,
daß mir vor lauter Lust und Wonne Zeit fehlt,
an den zu denken, der sie schuf.

☆

Totschlag von Räubern ist Kleinigkeit;
doch Heirat! Heirat!

☆

Heirat...das heißt,
Nachtigallen zu Hausvögeln machen.

Der Mittelweg ist oft doppelt gefährlich.

☆

Nicht dem Menschen,
der Gottheit nur geziemt
die Rach' und Strafe.

☆

Sie reiten wie Judenjungen,
nicht bügel-, nicht sattelfest.

☆

Reu' um Geschehnes ist verlorne Arbeit.

☆

Die Eheherrn sollten künftig die Trauringe statt
auf dem Finger an der Nase tragen, zum Zeichen,
daß sie doch an der Nase geführt werden.

☆

Wozu Mensch, wenn du nach
Übermenschlichem nicht strebst?

☆

Mach's wie Millionen deiner Brüder;
schlaf, iß, trink und sei vergnügt.

...wer verliebt ist, seufzt und hofft
und glaubt und jauchzt.

☆

Das Weib sieht tief, der Mann sieht weit.
Dem Manne ist die Welt das Herz,
dem Weib ist das Herz die Welt.

☆

Und nur Abwechslung gibt dem Leben Reiz
und läßt uns seine Unerträglichkeit vergessen.

☆

Das freie Ross ist ein Gerippe;
fett wird's, gefesselt an die Krippe!

☆

O selig, wer im engen Kreis,
umringt von seines Feldes Hecken
und ungestört von Angst und Schrecken
zu leben, zu genießen weiß!

Der Weg der neueren Menschheit
geht von der Humanität durch die Nationalität
zur Bestialität.

☆

Der Minister des Äußern kann sich nicht äußern;
der Minister des Innern kann sich nicht erinnern;
der Minister des Krieges ist nicht der des Sieges;
nach dem Minister der Finanzen muß alles tanzen!

☆

Religion ist die Poesie
der unpoetischen Menschen.

Gescheit gedacht und dumm gehandelt,
so bin ich meine Tage durchs Leben gewandelt.

☆

Werde, was du noch nicht bist,
bleibe, was du jetzt schon bist;
in diesem Bleiben und diesem Werden
liegt alles Schöne hier auf Erden.

☆

Kuß

Auf die Hände küßt die Achtung,
Freundschaft auf die offne Stirn,
auf die Wange Wohlgefallen,
selge Liebe auf den Mund;
aufs geschloßne Aug die Sehnsucht,
in die hohle Hand Verlangen,
Arm und Nacken die Begierde;
überall sonst hin Raserei!

☆

Die Empfindungen sind die Vokale, die Gedanken
die Konsonanten der Sprache des Inneren.

☆

Moral ein Maulkorb für den Willen,
Logik ein Steigriemen für den Geist.

Die Vernunft ist nur der durch die Phantasie erweiterte Verstand.

☆

Armut ist kein Fehler, aber sie erzeugt gern welche.

☆

Der Augenblick
Wenn er die Wiege einer Zukunft ist,
warum nicht auch das Grab
einer Vergangenheit?

☆

Eine verlorene Schlacht läßt sich durch eine gewonnene wieder ersetzen, ein verfehltes Werk läßt sich verbessern, aber eines ist, das sich nicht mehr herstellen läßt, wenn es einmal abgewiesen worden ist: die Autorität.

☆

Befriedigung, die ich nach außen träumte,
kam nun von innen selber in mein Dach.
Das Leben rächt ja stets, was es versäumte.

☆

Bescheidenheit ist eine Zier,
doch kommt man weiter ohne ihr.

Die Deutschen hätten keine Phantasie?
Ein Satz, der sich selber zerstört.
Die Deutschen haben überall sie,
wo sie nicht hingehört.

☆

Nur dienend ehrt der Diener seinen Herrn.

☆

Ein Dummkopf bleibt ein Dummkopf nur
für sich im Feld und Haus;
Doch wenn du ihn zum Einfluß bringst,
so wird ein Schurke draus.

☆

Man ist nie eifersüchtiger, als wenn man
in der Liebe anfängt zu erkalten.
Man traut dann der Geliebten nicht mehr,
weil man dunkel fühlt, wie wenig einem
selbst mehr zu trauen ist.

☆

Des reifen Mannes Fehltritt ist Verbrechen.
Des Jünglings Fehltritt ein verfehlter Tritt.

☆

Die Uhr, sie zeigt die Stunde.
Die Sonne teilt den Tag;
doch, was kein Aug' erschaute.
Mißt unsres Herzens Schlag.

Die Kraft, entfernt von ihrem ersten Ursprung,
wird schwächer, ist nur noch erborgte Kraft.

☆

Kummer, nimm erst Gestalt!
Nur das Formlose ängstigt und martert;
hat sich der Feind mal gestellt,
halb ist gewonnen der Sieg.

☆

Das eben ist der Liebe Zaubermacht
daß sie veredelt, was ihr Hauch berührt.
Der Sonne ähnlich, deren goldener Strahl
Gewitterwolken selbst in Gold verwandelt.

☆

Ruh' im Hafen ist noch nicht Ruh'
kommt nicht die Ruh' in die Brust dazu.

☆

Die Schönheit ist
vollkommene Übereinstimmung
des Sinnlichen mit dem Geistigen.

☆

Das ist der im Leben schädlichste Stolz,
der nicht aus eigener Wertschätzung, sondern aus
fremder Geringschätzung hervorgeht.

Doch vergiß es nicht: die Träume
sie erschaffen nicht die Wünsche,
die vorhandenen wecken sie.

☆

Der Verstand und die Fähigkeit, ihn zu brauchen,
sind zwei verschiedene Gaben.

☆

Die Welt ist da, weil Menschen sind, die sehen;
was niemand weiß, ist niemand auch geschehen.

☆

Mit drei Menschen habe nichts zu schaffen:
mit Beamten, Gelehrten und Pfaffen.

☆

Der Mann mag das Geliebte laut begrüßen,
geschäftig für sein Wohl liebt still das Weib.

Wer nach unsern Vätern forscht,
mag den Kirchhof fragen;
ihr Gebein, so längst vermorscht,
wird ihm Antwort sagen.

☆

Die Gefangenschaft vergeht,
Stahl und Fessel müssen brechen;
unsers Lebens Alphabet
ist ja noch wohl auszusprechen;
macht doch auch die ganze Zeit
keinen Punkt der Ewigkeit.

Ich sterbe dir, und soll ein fremder Sand
den oft durch die ergötzten Leib bedecken,
so gönne mir das letzte Liebespfand
und laß ein Kreuz mit dieser Grabschrift stecken:
Wo ist ein Mensch, der treulich lieben kann?
Hier liegt der Mann.

☆

Verzeih mir doch den Argwohn gegen dich;
wer brünstig liebt, dem macht die Furcht stets bange.
Der Menschen Herz verhält sich wunderlich;
wer weiß, wie bald ich deinen
Abschiedsbrief empfange.

☆

Mein Sühneopfer ist ein Lied,
das dir zu danken sich bemüht.

☆

Gedenke einmal, wie schön wir da gelebt,
und wie geheim wir unsre Lust genossen.
Da hat kein Neid der Reizung widerstrebt,
womit du mich an Hals und Brust geschlossen.

☆

Brüder laßt uns lustig sein,
weil der Frühlich währet
und der Jugend Sonnenschein
unser Laub verkläret.

Es ist kein Autor so gering und klein,
der nicht dacht, etwas Rechts zu sein.

☆

Wahrhaftig, der Umgang
mit schlechten Büchern
ist oft gefährlicher
als mit schlechten Menschen.

☆

Gestern noch auf stolzen Rossen,
heute durch die Brust geschossen,
morgen in das kühle Grab.

Die Leihbibliotheken studiere,
wer den Geist des Volkes kennenlernen will.

☆

Die Mißgunst lauscht auf allen Wegen,
daß sie der Liebe Glück verrät;
doch treue, zarte Liebe geht,
auf tausend unbewachten Stegen;
ein Druck der Hand, ein flücht'ger Blick,
sagt mir der Liebe Glück.

☆

Mutterliebe! Mutterliebe!
Allerheiligstes der Liebe!
Ach! die Erdensprache ist so arm.
Oh, vernähm ich jene Engel Chöre,
hört ich ihrer Töne heilig Klingen,
Wort der Begeisterung wollt ich singen:
"Heilig, heilig ist die Mutterliebe!"

Hat dir der Tag was gebracht?
So fragt sich am Abend der Jüngling;
hat dir der Tag was geraubt?
fragt sich der Mann und der Greis.

☆

Wie viele Lichter verdanken bloß ihrem Leuchter,
daß man sie sieht.

☆

Ob du dich selber erkennst?
Du tust es sicher, sobald du mehr Gebrechen an dir
als an den anderen entdeckst.

Abstrahieren heißt die Luft melken.

☆

Allegorie entsteht, wenn der Verstand sich vorlügt,
er habe Phantasie.
Die Begriffe der Menschen von den Dingen sind
meistens nur ihre Urteile über Dinge.

☆

Die Menschen haben viele absonderliche Tugenden erfunden, aber die absonderlichste von allen ist die Bescheidenheit. Das Nichts glaubt dadurch etwas zu werden, daß es bekennt: Ich bin nichts!

☆

Dichten heißt:
Abspiegeln der Welt auf individuellem Grunde.

☆

Duften ist Sterben der Blume.

☆

Die Eitelkeit ist im höheren Menschen das erhaltende,
im niederen das zerstörende Prinzip.

☆

Die sogenannte Freiheit des Menschen
läuft darauf hinaus, daß er seine Abhängigkeit
von den allgemeinen Gesetzen nicht kennt.

Der Mensch hat freien Willen – das heißt,
er kann einwilligen ins Notwendige.

☆

Genie ist Bewußtsein der Welt.

☆

Bildung ist ein durchaus relativer Begriff.
Gebildet ist jeder, der das hat,
was er für seinen Lebenskreis braucht.
Was darüber, das ist vom Übel.

☆

Der Gedanke ist das Produkt der Individualität.

☆

Gefühl ist das unmittelbar von innen heraus
wirkende Leben. Die Kraft es zu begrenzen und
darzustellen, macht den lyrischen Dichter.

☆

Genie ist Intelligenz der Begeisterung.

☆

Die Geschichte, das Gedächtnis der Menschheit.

☆

Die Geschichte ist das Bett,
das der Strom des Lebens sich selbst gräbt.

Das Gewissen ist die Wunde, die nie heilt
und an der keiner stirbt.

☆

Glaube ist nicht dunkle, sondern vielmehr
hellste Wirksamkeit des Geistes, er umklammert
mit Sicherheit das außer dem Kreis der Sinne
liegende Verwandte.

☆

Gott ist gebundene, Natur ungebundene Kraft.

☆

Große Menschen sind Inhaltsverzeichnisse
der Menschheit.

☆

Kinder sind Rätsel von Gott und schwerer,
als alle, zu lösen, aber der Liebe gelingt's,
wenn sie sich selber bezwingt.

☆

Der Humor ist die einzige
absolute Geburt des Lebens.

☆

Der Hund ist der sechste Sinn des Menschen.

Die Krankheiten,
die das Wachstum der Menschen bezeichnen,
nennt man Revolutionen.

☆

Das echte Idyll entsteht, wenn ein Mensch
innerhalb des ihm bestimmten Kreises als
glücklich und abgeschlossen dargestellt wird.
Solange er sich in diesem Kreise hält,
hat das Schicksal keine Macht über ihn.

☆

Die Kunst ist eine zusammengepreßte Natur
und die Natur eine auseinandergelaufene Kunst.

☆

Das Leben ist eine in siebenfach Goldpapier
eingewickelte Bittermandel.

☆

Alles Leben ist Kampf des Individuellen
mit dem Universum.

☆

Das Leben ist eine Plünderung
des inneren Menschen.

Das Leben mit seinen verschiedenen Epochen
ist eine Schatzkammer. Wir werden reich
in jedem Gewölbe beschenkt; wie reich,
das erkennen wir erst bei dem Eintritt
in das nächste Gewölbe.

☆

Der Jüngling küßt, wenn er des Mädchens denkt
die eigne Hand, die sie ihm drückte
als sie von ihm schied,
der Mann braucht etwas mehr.

☆

Der Mann traf seine Frau im Ehebruch,
Freund, rief sie ihm entgegen, ich wollt' mich
überzeugen, daß du in allen Dingen einzig bist.

☆

Wir müssen nicht klagen, daß alles vergänglich sei.
Das Vergänglichste, wenn es uns wahrhaft berührt,
weckt in uns ein Unvergängliches.

Für ein paar Groschen kann man
viel Freundlichkeit und guten Willen kaufen.

☆

Klage nicht so sehr über einen
kleinen Schmerz; das Schicksal könnte ihn
durch einen größeren heilen.

☆

Alle Gelegenheit glücklich zu werden, hilft nichts,
wer den Verstand nicht hat, sie zu benutzen.

Der Mensch hat wohl täglich Gelegenheit,
im Emmendingen und Gundelfingen so gut
als in Amsterdam Betrachtungen über
den Unbestand aller irdischen Dinge anzustellen,
wenn er will, und zufrieden zu werden
mit seinem Schicksal, wenn auch nicht
viel gebratene Tauben für ihn
in der Luft herum liegen.

☆

Die Blätter werden gelb und rot
und fallen bei des Windes Wehn,
und was vom Boden aufwärts kommt,
muß auch zum Boden abwärts gehn.

☆

Lang ist das Leben, o Mensch.
Bescheiden baut sich das Hüttchen
hier eine fleißige Hand, und ein
genügendes Gärtchen.

☆

...Ihr einsamen Stunden der Trauer
träufelt in bittern Sekunden langsam
vom Dasein hernieder.
Auf dem Krankenlager,
im öden stillen Gefängnis
steht es drückend und schwer,
wie das Gewitter im Sommer.

Bildungslücken erleichtern uns oft
den Zugang zum Herzen.

☆

Für Witze und Geldborger ist es heilsam,
wenn sie uns unangemeldet überraschen.

☆

Der Kaufmann hat in der ganzen Welt
dieselbe Religion.

☆

Diejenigen fürchten das Pulver am meisten,
die es nicht erfunden haben.

Ein bißchen Narrheit, das versteht sich,
gehört immer zur Poesie. Die Freiheit ist eine
neue Religion, die Religion unserer Zeit.

☆

Bis auf den letzten Augenblick spielen wir
Komödie mit uns selber.

☆

So ein paar grundgelehrte Zitate
zieren den ganzen Menschen.

☆

Der Gedanke in die unsichtbare Natur,
die Natur der unsichtbare Gedanke.

☆

Das Leben ist eine Krankheit, die ganze Welt
ein Lazarett, und der Tod ist unser Arzt.

☆

Das Leben ist weder Zweck noch Mittel;
das Leben ein Recht.

☆

Liebeswahnsinn! Pleonasmus!
Liebe ist ja schon ein Wahnsinn!

Das Mitleid ist die letzte Weihe der Liebe,
vielleicht die Liebe selbst.
Die Herrlichkeit der Welt ist immer
adäquat der Herrlichkeit des Geistes,
der sie betrachtet.

☆

Lebt das Wort, so wird es von
Zwergen getragen;
ist das Wort tot, so können es
keine Riesen aufrechterhalten.

☆

In die Kirche ging ich morgens,
um Komödien zu schauen,
abends ins Theater,
um mich an der Predigt zu erbauen.

☆

Warum die Rose besingen, Aristokrat!
Besing die demokratische Kartoffel,
die das Volk ernährt!

☆

Häßlichkeit bei einem Weibe
ist schon der halbe Weg zur Tugend.

Die Frauen sind wie die Öfen.
Die deutschen Öfen wärmen besser
als die französischen Kamine.
Aber daß man hier das Feuer lodern sieht,
ist angenehmer.

☆

Was sich in jener Wundernacht
des weiteren zugetragen,
erzähl' ich euch ein andermal,
in warmen Sommertagen.

☆

Nicht gedacht soll seiner werden,
nicht im Liede, nicht im Buche
dunkler Hund im dunkeln Grabe,
du verfaulst mit meinem Fluche!

☆

Ich bin nicht schlecht, ich bin nicht gut,
nicht dumm und nicht gescheute,
und wenn ich gestern vorwärts ging,
so geh' ich rückwärts heute...

Und ist man tot, so muß man lang
im Grabe liegen; ich bin bang,
ja, ich bin bang, das Auferstehen
wird nicht so schnell vonstatten gehen.

☆

Gestern noch fürs liebe Brot
Wälzte sie sich tief im Kot,
aber heute schon mit vieren
fährt das stolze Weib spazieren.

☆

Manchmal in der öden Leere,
manchmal in dem Nebelmeere,
strahlt ein Licht, das süß und golden
wie die Augen meiner Holden.

☆

Die Dichter jagen vergebens nach Bildern,
um ihre weiße Haut zu schildern...

☆

Er dachte hin, er dachte her;
das Denken wird den Königen schwer.

Sie fragten nach meinem Befinden
und sagten selber sogleich,
ich hätte mich gar nicht verändert,
nur mein Gesicht sei bleich.

☆

Himmlisch war's, wenn ich bezwang
meine sündige Begier;
aber wenn's mir nicht gelang,
hatt ich doch ein groß Pläsier.

Und er brüstet sich frech und lästert wild;
die Knechtenschar im Beifall brüllt.

☆

Bei uns zu Land die Witterung,
Moral und Polizei
gebieten streng, daß alt und jung
leiblich bekleidet sei.

☆

Berlin! Berlin! du großes Jammertal,
bei dir ist nichts zu finden, als
lauter Angst und Qual.

Ein Traum, ein Traum ist unser Leben
auf Erden hier.
Wie Schatten auf den Wogen schweben
und schwinden wir.
Und messen unsere trägen Tritte
nach Raum und Zeit;
und sind (und wissen's nicht) in Mitte
der Ewigkeit.

☆

Unsere Zeit ist ein großer Wecker.
Die große eiserne Wanduhr rasselt und ruft
mit gewaltigen Schlägen.

Wem viel gegeben ist,
von dem wird viel verlangt.

☆

Die zwei größten Tyrannen der Erde:
der Zufall und die Zeit.

☆

Der kommt am weitesten, der anfangs selbst nicht weiß, wie weit er kommen werde, dafür aber jeden Umstand, den ihm die Zeit gewährt, nach besten Maßregeln gebraucht.

☆

Werde vom Frommen ein Weiser.
Der Fromme rettet sich selbst nur:
Aber der Weise hilft, wem und worin er es kann.

☆

Weiberschönheit macht durch ihren allmächtigen Zauber weise Männer zu Toren.

☆

Jedes Weibes Fehler
ist des Mannes Schuld.

☆

Vor Verrätern
hüte jeder sich, am meisten,
wer Gewalt und Unrecht tut.

Was der Vater nicht genießt, das erntet der Sohn.

☆

Bei euch Menschen ist der immer willkommen,
der sich unentbehrlich zu machen weiß.

☆

Sprichwörter sind der Spiegel
der Denkart einer Nation.

☆

In dem Kleinsten der Schöpfung zeiget
sich des Schöpfers Macht und Huld am größten.

☆

Die Natur ist kein selbständiges Wesen,
sondern Gott ist alles in seinen Werken.

☆

Jede Moral ohne Gott ist eine Parasitenpflanze.

☆

In der stillen Mitternacht,
wo nur Schmerz und Liebe wacht.

☆

So wie die Flamme des Lichts
auch umgewendet hinaufstrahlt,
so vom Schicksal gebeugt,
strebt das Gute empor.

Der Mensch ist des Menschen erster
und vorzüglichster Lehrer.

☆

Unsre Lebensalter sind die Lebensalter der Pflanze:
wir gehen auf, wachsen, blühen, blühen ab und
sterben.

☆

Der Faden des Lebens hängt stets
am Faden des Todes.

☆

Wer nicht läuft, gelangt nie ans Ziel.

☆

Güter sind uns gegeben,
des Lebens Last zu erleichtern,
nicht, das Leben und uns
schwer zu beladen mit Gut.

☆

Weißt du, was nie zu ersättigen ist?
Das Auge der Habsucht.
Alle Güter der Welt füllen die Höhle nicht aus.

☆

Eher schätzet man das Gute nicht,
als bis man es verloren.

Denn das Glück, geliebt zu werden,
ist das höchste Glück auf Erden.

☆

Gewohnheit tut mehr als Gesetz.

☆

Wer erdichten will, dichte ganz;
wer Geschichte schreiben will, habe das Herz,
die Wahrheit nackt zu zeigen.

☆

Was der Frühling nicht säete,
kann der Sommer nicht reifen,
der Herbst nicht ernten,
der Winter nicht genießen.

☆

Nichts hat der Mensch in sich
so sehr zu bezähmen als seine Einbildungskraft,
die beweglichste und zugleich die gefährlichste
aller menschlichen Gemütsgaben.

☆

Ehrenworte kosten wenig.

☆

Durch feine Spekulationen ist nie der Geist einer
Nation geändert, aber durch große Beispiele allemal.

Was die Schickung geschickt, ertrage,
wer ausharret, wird gekrönt.

☆

Arbeitsamkeit verriegelt die Tür dem Laster,
das dem Müßiggang zur Seite schleicht und hinter
ihm das Unglück.

☆

Die Seele eines Kindes ist heilig,
und was vor sie gebracht wird, muß wenigstens
den Wert der Reinigkeit haben.

☆

Weiberschönheit macht durch ihren allmächtigen
Zauber weise Männer zu Toren.

☆

Rechnen muß ein Knabe lernen,
damit er sein Leben berechne,
denn die gesamte Vernunft, zumal die Führung
menschlicher Dinge, heißt Rechnen.

Die Linien des Lebens sind verschieden,
wie Wege sind und wie der Berge Grenzen.
Was hier wir sind, kann dort ein Gott ergänzen
mit Harmonien und ewigem Lohn und Frieden.

☆

In jüngeren Tagen war ich des Morgens froh,
des Abends weint' ich;
jetzt, da ich älter bin,
beginn ich zweifelnd meinen Tag,
doch heilig und heiter ist mir sein Ende.

Doch uns ist gegeben, auf keiner Stätte zu ruhn;
es schwinden, es fallen die leidenden Menschen,
blindlings von einer Stunde zur andern,
wie Wasser von Klippe zu Klippe geworfen,
Jahr lang ins Ungewisse hinab.

☆

Ich kann nicht sprechen von ihr,
aber es gibt Stunden, wo das Beste und Schönste,
wie in Wolken erscheint und der Himmel der
Vollendung vor der ahnenden Liebe sich öffnet.

☆

Versöhnung ist mitten im Streit, und alles
Getrennte findet sich wieder.
Es scheiden und kehren im Herzen die Adern und
einiges, ewiges, glühendes Leben ist alles.

☆

O heilig Herz der Völker, o Vaterland!
Allduldend gleich der schweigenden Mutter Erd'
und allverkannt, wenn schon aus deiner
Tiefe die Fremden ihr Bestes haben.

☆

Tot ist nun, die mich erzog und stillte,
tot ist nun die jugendliche Welt,
diese Brust, die einst ein Himmel füllte,
tot und dürftig wie ein Stoppelfeld.

Zu eng begrenzt ist unsere Tageszeit
wir sind und sehn und staunen, schon Abend ist's,
wir schlafen und vorüberziehn wie
Sterne, die Jahre der Völker alle.

☆

Wir sind nichts; was wir suchen, ist alles.

☆

Zu lang, zu lang schon treten die Sterblichen
sich gern aufs Haupt, und zanken um Herrschaft sich.
Den Nachbar fürchtend, und es hat auf
eigenem Boden der Mann nicht Segen.

☆

Wer das Tiefste gedacht, liebt das Lebendigste,
hohe Tugend versteht, wer in die Welt geblickt,
und es neigen die Weisen
oft am Ende zu Schönem sich.

☆

Wohl denen, die zur Ruhe gegangen sind
und vor der Zeit gefallen; auch die, auch die
geopfert, gleich den Erstlingen der
Ernte, sie haben ein Teil gefunden.

☆

Jede Kunst erfordert ein
ganzes Menschenleben.

Alles prüfe der Mensch, sagen die Himmlischen,
daß er, kräftig genährt, danken für alles lern',
und verstehe die Freiheit, aufzubrechen,
wohin er will.

☆

Selbst kein Weiser versteht,
was sie (die Nacht) bereitet, denn so
will es der oberste Gott, der sehr dich liebet,
und darum ist noch lieber wie sie,
dir der besonnene Tag.

☆

Uns ist gegeben auf keiner Stätte zu ruhen;
es schwindeln, es fallen die leidenden Menschen
blindlings von einer Stunde zur andern
wie Wasser, von Klippe zu Klippe geworfen,
jahrelang ins Ungewisse hinab.

☆

Männerstolz, wenn Lästrer schreien,
Wahrheit, wenn Despoten dreuen,
Seelenkraft im Mißgeschick.

☆

Wenn ihr Freunde vergeßt,
wenn ihr den Künstler höhnt,
und den tieferen Fleiß klein und gemein versteht.
Gott vergibt es, doch stört nur
nie den Frieden der Liebenden.

Wer auf sein Leid tritt, tritt höher.

☆

Was lebt, ist unvertilgbar, bleibt in seiner
tiefsten Knechtsform frei, bleibt eins, und wenn
du es scheidest bis auf den Grund,
bleibt unverwundet und wenn du bis ins Mark
es zerschlägst, und sein Wesen entfliegt dir
siegend unter den Händen.

☆

Lern im Leben die Kunst,
im Kunstwerk lerne das Leben.
Siehst du das eine recht,
siehst du das andere auch.

☆

Was wäre das Leben ohne Hoffnung!

☆

Hast du Verstand und ein Herz,
so zeige nur eines von beiden;
beides verdammen sie dir,
zeigest du beides zugleich.

☆

Ihr guten Götter! Arm ist, wer euch nicht kennt;
im rohen Busen ruhet der Zwist ihm nie,
und Nacht ist ihm die Welt, und keine
Freude gedeihet und kein Gesang ihm.

Schwer ist zu tragen
das Unglück, aber schwerer das Glück.

☆

Dem Genügsamen raucht sein Herd.

☆

Nah ist und schwer zu fassen vor Gott.
Wo aber Gefahr ist, wächst
das Rettende auch.

☆

Ich fürchte mich nicht vor dem, was zu fürchten ist,
ich fürchte mich nur vor der Furcht.

☆

Was bleibt aber, stiften die Dichter.

☆

Wie der Sternenhimmel bin ich still und bewegt.

☆

Zuviel begehrt das Herz;
doch endlich, Jugend, verglühst du ja,
du ruhelose träumerische!
Friedlich und heiter ist dann das Alter.

Es ist unglaublich, wieviel Kraft die Seele
dem Körper zu leihen vermag.

☆

Gewiß ist es fast noch wichtiger, wie der Mensch
sein Schicksal nimmt, als wie sein Schicksal ist.

☆

Hat Gott doch die Wehmut zu einer Art
Vermittlerin zwischen dem Glück und dem Unglück,
der Süßigkeit und dem Schmerz geschaffen.

Es kann ein Liberaler Minister sein,
aber deshalb ist er noch kein liberaler Minister.

☆

Die Zeit ist nur ein leerer Raum, dem Begebenheiten,
Gedanken und Empfindungen erst Inhalt geben.

☆

Ich begreife, daß man einer Stimmung
dieser Art nicht immer Herr sein kann,
aber man kann danach streben.

☆

Gewiß ist es fast noch wichtiger,
wie der Mensch sein Schicksal nimmt,
als wie sein Schicksal ist.

☆

Ein Gemüt, das sich meist in Heiterkeit erhält,
ist schon darum so schön, weil es immer auch ein
genügsames und anspruchsloses ist.

☆

Was ein wirklich feines sittliches Gefühl nicht
mißbilligt, das halte ich auch nicht für Gott mißfällig.

Ein Lügner war ich, ein Lügner bin ich,
ein Lügner will ich sein!
Ich habe auf Tollheit spekuliert, das ist das höchste
und nobelste Hasardspiel, das es gibt.

☆

Der Poesie fällt anheim, was im Leben untergeht.

☆

Die Menschen werden nicht
von den Dingen, sondern von den Meinungen
über die Dinge gepeinigt.

Anerkennung ist das Brot der Geister.

☆

Der Alltag ist das elementarische Dasein.

☆

Die Ahnung ist des Herzens Licht.

☆

Denn Liebe, sagt man, ist nur Hoffen
und wird, gewährt, vom Tod betroffen.

☆

O Mutterliebe, Sorg' und Treu',
nie ausgeschöpfte Güte!
Und immer alt, und immer neu;
daß dich die Allmacht hüte!

Der Mensch sieht oft nur zu spät ein,
wie sehr er geliebt wurde, wie vergeßlich und
undankbar er war und wie groß
das verkannte Herz.

☆

Der Besitz macht uns nicht halb so glücklich,
wie uns der Verlust unglücklich macht.

☆

Der Hagestolze hat das Unglück,
daß ihm niemand seine Fehler frei sagt,
aber der Ehemann hat das Glück.

An den Menschen sind vorn und hinten,
wie an den Büchern, zwei leere Buchbinderblätter:
Kindheit und Greisenalter.

☆

Der Hauptfehler des Menschen bleibt,
daß er so viele kleine hat.

☆

Verachte das Leben, um es zu genießen.

☆

Die Armut ist die weit aufklaffende,
erbarmungslose Hölle, die unter der zivilisierten
Gesellschaft gähnt.

☆

Das Bett ist ein guter Beichtstuhl und
die Audienz des Gewissens.

☆

Eine Frau ist der widersinnigste Guß aus Eigensinn
und Aufopferung, der nur vorkommen kann.
Sie läßt sich für ihren Mann wohl den Kopf
abschneiden, aber nicht die Haare.

Freiheit ist ein Gut, dessen Dasein
weniger Vergnügen bringt als
seine Abwesenheit Schmerzen.

☆

Ein Buch ist dem Verfasser, was den Schönen
ihr Bild im Spiegel ist.

☆

Die Erinnerung ist das einzige Paradies,
aus dem wir nicht vertrieben werden können.

☆

Freuden sind unsere Flügel,
Schmerzen unsere Sporen.

☆

Der schönste, reichste, beste und wahrste Roman,
den ich je gelesen habe, ist die Geschichte.

☆

Die Heiterkeit ist ein
wiederkehrendes lichtes Gestirn,
ein Zustand, der sich ungleich dem Genusse,
durch die Dauer nicht abnützt,
sondern wiedergebiert.

Höflichkeit ist der Widerschein
der Sittlichkeit.

☆

Humor ist auch eine Erhebung gegen den Himmel.
Nur geht man wie der Vogel Merops
mit dem Hintern zuerst.

☆

Das große unzerstörbare Wunder ist
der Menschenglaube an Wunder.

☆

Man gebe manchem Selbstvertrauen,
so ist er ein Weltmann.

☆

Schnee, der sich leicht ballen läßt, schmilzt bald.

☆

Jeder wird wider Willen originell, der sich's bequem
macht und nach dem Scheine nichts fragt.

☆

Man lernt Verschwiegenheit am meisten unter
Menschen, die keine haben und Plauderhaftigkeit
unter Verschwiegenen.

Im Gleichnis Christi ist
die enge Pforte und der schmale Weg,
der zum Leben führt,
der des guten Lebenswandels;
die weite Pforte und der breite Weg,
den viele wandeln, ist die Kirche.

☆

Habe Mut, dich deines
eigenen Verstandes zu bedienen!

☆

Handle so, daß die Maxime deines Willens
jederzeit zugleich als Prinzip einer allgemeinen
Gesetzgebung gelten könne.

Der bejahrte Murrkopf, welcher fest glaubt,
daß in seiner Jugend die Welt viel ordentlicher
und die Menschen besser gewesen wären,
ist ein Phantast in Ansehung der Erinnerung.

☆

Wir denken selten bei dem Licht an Finsternis,
beim Glück ans Elend, bei der Zufriedenheit an
Schmerz; aber umgekehrt jederzeit.

☆

Wenn die Gerechtigkeit untergeht,
hat es keinen Wert mehr,
daß Menschen auf Erden leben.

☆

Das Reich Gottes auf Erden, das ist
die letzte Bestimmung, des Menschen Wunsch.
(Dein Reich komme.) Christus hat es herbeigerückt;
aber man hat ihn nicht verstanden und das Reich
der Priester errichtet, nicht das Gottes in uns.

☆

Eine Religion, die den Menschen
finster macht, ist falsch; denn er muß Gott mit
frohem Herzen und nicht aus Zwang dienen.
Es ist nur eine wahre Religion: aber es kann
vielerlei Arten des Glaubens geben.

Kann wohl etwas verkehrter sein, als den Kindern,
die kaum in diese Welt treten,
gleich von der andern etwas vorzureden?

☆

Der Wille der Kinder muß nicht gebrochen,
sondern nur in der Art gelenkt werden, daß er den
natürlichen Hindernissen nachgebe.

☆

Mit dem Alter nimmt Urteilskraft zu und Genie ab.

☆

Die Damen kommen nicht in den Himmel,
denn schon in der Offenbarung Johannis
heißt es an einer Stelle, es sei eine Stille gewesen
von einer halben Stunde. So was läßt sich aber,
wo Frauenzimmer sind, gar nicht
als möglich denken.

☆

Es gibt nichts Praktischeres als eine gute Theorie.

☆

Dem, welcher ein Bein gebrochen hat, kann man
dadurch sein Unglück doch erträglicher machen,
wenn man ihm zeigt, daß es leicht hätte
das Genick treffen können.

Aufklärung ist der Ausgang des Menschen
aus seiner selbstverschuldeten Unmündigkeit.
Unmündigkeit ist das Unvermögen,
sich seines Verstandes ohne Leitung
eines anderen zu bedienen.

☆

Bewunderung: eine Verwunderung,
die beim Verlust der Neuigkeit nicht aufhört.

☆

Man nennt einen Menschen böse nicht darum,
weil er Handlungen ausübt, welche böse sind,
sondern weil diese so beschaffen sind, daß sie
auf böse Maximen an ihm schließen lassen.

☆

Der Charakter ist ein Fels,
an welchem gestrandete Schiffer landen
und anstürmende scheitern.

☆

Demut ist eigentlich nichts anderes
als eine Vergleichung seines Wertes mit
der moralischen Vollkommenheit.

☆

Dichtkunst ist ein Spiel der Sinnlichkeit,
durch den Verstand geordnet.

Die Ehre des Mannes besteht
in der Schätzung seiner selbst, die des Weibes
in dem Urteile anderer.

☆

Die Empfindung von Ehre ist
am Franzosen Eitelkeit, an dem Spanier Hochmut,
an dem Engländer Stolz, an dem Deutschen Hoffart
und am Holländer Aufgeblasenheit.

☆

Erfahrung ist eine verstandene Wahrnehmung.

☆

Erfahrung besteht aus Anschauungen,
die der Sinnlichkeit angehören, und aus Urteilen,
die lediglich ein Geschäft des Verstandes sind.

☆

Faulheit:
Hang zur Ruhe ohne vorhergehende Arbeit.

☆

Formeln sind Regeln, deren Ausdruck
zum Muster der Nachahmung dient.

☆

Das Vermögen, die Motive des Wollens schlechthin
selbst hervorzubringen, ist die Freiheit.

Die Freiheit ist eigentlich ein Vermögen, alle
willkürlichen Handlungen den Bewegungsgründen
der Vernunft zu unterordnen.

☆

Gedächtnis: Phantasie mit Bewußtsein.

☆

Geduld: eine weibliche Tugend,
weil sie nicht Kraft zum Widerstande aufbietet,
sondern das Leiden (Dulden) durch Gewohnheit
unmerklich zu machen hofft.

☆

Genie ist das Talent der Erfindung dessen,
was nicht gelehrt oder gelernt werden kann.

☆

Gesetz ist die Regel, nach der das Dasein
der Dinge bestimmbar ist.
Gewissen: das Bewußtsein eines
inneren Gerichtshofes im Menschen.

☆

Gewissenlosigkeit ist nicht Mangel
des Gewissens, sondern der Hang, sich an
dessen Urteil nicht zu kehren.

Trinkt, o Augen, was die Wimper hält,
von dem goldnen Überfluß der Welt!

☆

Liebe ist eine Glocke, welche das Entlegenste und Gleichgültigste widertönen läßt und in eine besondere Musik verwandelt.

☆

So geht es in der Welt.
Wenn man nur still und geduldig wartet, wie die Katze vor dem Mausloch, so kommen alle guten Dinge wieder einmal zum Vorschein.

Ein Tor, der aus des Nachbars Kinderstreichen
sich Trost nimmt für das eigne, schwache Tun,
der immer um sich späht und lauscht und nun
sich seinen Wert bestimmt nach falschen Zeichen!

☆

Für mich waren es sehr feierliche
und nachdenkliche Stunden, als ich anfing,
mich an den Gedanken des wahrhaften Todes
zu gewöhnen.

☆

Tu frei und offen, was du nicht willst lassen,
doch wandle streng auf selbstbeschränkten Wegen
und lerne früh nur deine Fehler hassen!

☆

Etwas wagen muß das Herz und früh auf sein,
wenn es leben will.

☆

Ich habe mich durch eigene Erfahrung
daran gewöhnt, alle Misere
dieses Lebens als unbedeutend und
vorübergehend zu betrachten und
fest an die Zukunft zu glauben.

Die Zeit geht nicht, sie stehet still,
wir ziehen durch sie hin;
sie ist ein' Karawanserei,
wir sind die Pilger drin.

☆

Es hat schließlich jeder seine Zeit, die einmal kommt.

☆

Ich habe bis jetzt keine Ursache,
an der Vorsehung zu zweifeln.

☆

Der Mensch soll nicht tugendhaft, nur natürlich sein,
so wird die Tugend von selbst kommen.

☆

Es würde vieles erträglicher werden,
wenn man weniger selbstzufrieden wäre
und die Vaterlandsliebe nicht immer
mit der Selbstbewunderung verwechselte.

☆

Studiere die Menschen, nicht um sie zu überlisten
und auszubeuten, sondern um das Gute in ihnen
aufzuwecken und in Bewegung zu setzen.

Der wahre Meister hat jederzeit mehr Pietät für alles Tüchtige als der Pfuscher und Lauser.

☆

Man ist immer froh, kleine Mängel
an geliebten Personen zu finden,
um sie nur ohne Verzug verzeihen
und sogar mitlieben zu können.

☆

Zum Lachen braucht es immer ein wenig Geist;
das Tier lacht nicht.

☆

Besser ist's, man hat in der Jugend zu kämpfen
als im Alter.

☆

Ein jedes Jucken
braucht seinen eigenen Kratzer.

☆

Jeder Mensch muß etwas haben,
woran er ernstlich hängt.

☆

Wo das Glück einmal einkehrt,
da greift es leicht um sich.

Der Gedanke ist es, der das Wort adelt.

☆

Wer Freude und Glück aus vollem Herzen, aber nobel empfindet, trägt auch das Unglück und den Kummer edel und fest.

☆

Was unerreichbar ist, das rührt uns nicht!
Doch was erreichbar, sei uns goldne Pflicht.

☆

Die menschliche Eitelkeit vermengt sich mit den edelsten Ideen und verleiht ihnen oft eine Hartnäckigkeit, die uns sonst fehlen würde.

☆

Wenn man den Dingen ins Gesicht schaut und sie mit Aufrichtigkeit behandelt, so ist nichts negativ, sondern alles positiv.

☆

Auch der demütigste Mensch glaubt und hofft innerlich immer mehr, als er auszusprechen wagt.

☆

Wozu sind wir denn Christen, wenn wir das Wort des Herrn das erstemal verachten, wo es sich gegen uns selbst wendet?

Briefe soll man, wie jedes andere Vergnügen,
nach getaner Arbeit sich gestatten.

☆

Wir bleiben nicht gut, wenn wir nicht immer
besser zu werden trachten.

☆

Im Notfall bindet der Bauer
den Schuh mit Seide.

☆

Ein guter Witz geht immer für ein Stück Brot,
und ein leichter Sinn ersetzt manchen Becher Wein.

☆

Es gibt bei beiden Geschlechtern solche Raub- und
Wechseltiere, die nur dann glücklich sind, wenn sie
erst ein fremdes Glück zerstört haben.

Puder und Pomade
im Gehirn! – Gott Gnade!

☆

Schön ist's, wenn zwei Sterne
nah' sich stehn am Firmament,
schön, wenn zweier Rosen
Röte ineinander brennt...

☆

Nun trägt man grade schlicht das Haar
und findet das recht wunderbar.

Gott schickt am End uns Leiden,
auf daß uns diese Welt,
wenn wir nun von ihr scheiden,
nicht mehr so mächtig hält.

☆

Was im weinenden Auge
mir oft die Tränen zurückhält,
ist ein spielendes Kind
oder ein Vogel im Flug.

☆

...hin ist hin und tot ist tot;
so heißt das eiserne Gebot.

☆

Schmerz ist Grundton
der Natur.

☆

Stark am Geist, am Leibe schwach.

☆

Ach! es ist der Erde Los,
blühen, tragen und zerfallen.

Jeder trägt den leid'gen Stein
zum Anstoß in sich selbst.

☆

Das Leben ist viel wert,
wenn man's verachtet.

☆

Lach' der Ärzt' und ihrer Ränke!
Tod und Krankheit lauert,
wenn man bei dem Froschgetränke
seine Zeit vertrauert.

Zuversicht wie ein Berg so groß,
dem Tadel verschanzt sein,
vielverliebt in sich selbst:
Daran erkenn' ich den Geck.

☆

Laßt uns vereint, ihr Könige,
doch einmal Vernunft keilförmig mit Gelassenheit
auf seine rasende Entschließung setzen.

☆

Den wir mit unsers Lebens Gefahr erretteten,
der ist uns teuer, so wie dem Araber der teuer ist,
dem er ein Stück von seinem Brote gab.

☆

Pfleg deine Tugend, nur führe sie nicht
wie ein Schlittenpferd durch die Straße!

☆

Der Mensch wirft alles, was er sein nennt,
in eine Pfütze, aber kein Gefühl.

☆

Küsse, Bisse, das reimt sich,
und wer recht von Herzen liebt,
kann schon das eine für das andre greifen.

Keine Tugend ist doch weiblicher als die Sorge
für das Wohl anderer, und nichts dagegen
macht das Weib häßlicher und gleichsam der Katze
ähnlicher als der schmutzige Eigennutz.

☆

Reue ist Unschuld der Gefallenen.

☆

Innumerabiles morbos miraris?
Medicos numera!
Die zahllosen Krankheiten wundern Dich?
Zähle die Ärzte!

☆

Nicht ein Zehnteil würd' ein Herr des Bösen tun,
müßt er es selbst mit eignen Händen tun.

☆

Elf Ehstandsjahr' erschöpfen das Gespräch.

☆

Auch der Olymp ist öde ohne Liebe.

☆

Denn das Erworbne, wär's mit
einem Tropfen Schweiß auch nur erworben,
ist uns mehr als das Gefundne wert.

Jedwedes Übel ist ein Zwilling.

☆

Es ist der Stümper Sache, nicht die deine,
des Schicksals höchsten Kranz erringen wollen;
du nahmst bis heut noch stets, was es dir bot.

☆

Ihr, die die schwere Hand des Unglücks drückt,
ihr Redlichen, die ihr, mit Harm erfüllt,
das Leben oft verwünscht, verzaget nicht
und wagt die Reise durch das Leben nur!
Jenseits des Ufers gibt's ein beßres Land,
Gefilde voller Lust erwarten euch.

☆

Ach, was ist Menschengröße,
Menschenruhm!

Man muß den Zweck, den man hat,
so lange und von so viel Seiten betrachten,
bis man ihn lieb gewinnt.

☆

Verzeiht das Wort,
das schlecht ist wie die Sache!

☆

Du zählst die Stimmen; wäge sie!

☆

Die Unsterblichkeit
ist ein großer Gedanke,
ist des Schweißes der Edlen wert.

Wie erhebt sich das Herz, wenn es dich,
Unendlicher, denkt! wie singt es,
wenn's auf sich herunterschaut!

☆

Wer nur anderer Meinung oder Geschmack hat
oder wer nur nachahmt, ist ein Knecht;
wer selbst denkt und selten nachahmt,
ist ein Freier.

☆

Wie schnell ist von der rechten Bahn
zum Irrweg oft der Schritt getan.

☆

Wer hat je bei einem Gemälde geweint?

☆

Begraben ist in ewige Nacht
der Erfinder großer Name zu oft.

Die ganze Welt ist zum Verzweifeln traurig.

☆

Der Schmerz ist stets ein Einsiedler.

☆

Mich zwingt mein Pakt,
die Wahrheit dir zu nennen.

☆

Niemand als der Mondschein
wachte auf der Straßen.

Lieblich war die Maiennacht.

☆

Nie soll weiter sich ins Land
Lieb' von Liebe wagen,
als sich blühend in der Hand
läßt die Rose tragen.

☆

Dreifach haben sie mir gezeigt,
wenn das Leben uns nachtet,
wie man's verraucht, verschläft, vergeigt
und es dreimal verachtet.

☆

Das Leben täuscht uns lange,
du zeigst, der Schminke bar,
des Lebens welke Wange;
o Schmerz, wie bist du wahr!

☆

...wahrhaft elend ist allein der Feige.

Das Lachen erhält uns vernünftiger
als der Verdruß.

☆

Wenn uns ein Engel einmal aus seiner Philosophie
erzählte, ich glaube, es müßten wohl manche Sätze
so klingen als wie: 2 mal 2 ist 13.

☆

Die Großmut muß eine
beständige Eigenschaft der Seele sein
und ihr nicht bloß ruckweise entfahren.

Nur die Sache ist verloren,
die man selber aufgibt.

☆

Es gibt heutzutage so viele Genies,
daß man recht froh sein soll, wenn einem einmal
der Himmel ein Kind beschert, das keines ist.

☆

Der Mann hatte so viel Verstand, daß er fast zu
nichts mehr in der Welt zu gebrauchen war.

☆

Unser Leben kann man mit einem Wintertag
vergleichen: wir werden zwischen 12 und 1 des
Nachts geboren, es wird 8 Uhr, ehe es Tag wird,
und vor 4 des Nachmittages wird es wieder dunkel,
und um 12 sterben wir.

☆

Die Waage gleicht der großen Welt,
das Leichte steigt, das Schwere fällt.

☆

Freue dich mit mir! Es ist so traurig,
sich allein zu freuen.

Wir sind alle Blätter an einem Baum,
keins dem andern ähnlich,
das eine symmetrisch, das andere nicht,
und doch gleich wichtig dem Ganzen.

☆

Wer Freunde sucht, ist sie zu finden wert:
wer keinen hat, hat keinen noch begehrt.

☆

Groß willst du, und auch artig sein?
Marull, was artig ist, ist klein.
Du schmähst mich hinterrücks?
das soll mich wenig kränken.
Du lobst mich ins Gesicht?
Das will ich dir gedenken!

☆

Schön nennen die Leute sehr oft,
was ihnen gefällt, und das ist relativ.

☆

Es kostet Kunst,
sich selbst zu überreden,
daß man glücklich ist.

Rennt dem scheuen Glücke nach!
Freunde, rennt euch alt und schwach!
Ich nehm teil an eurer Müh:
die Natur gebietet sie.
Ich, damit ich auch was tu, –
seh euch in dem Lehnstuhl zu.

☆

Gestern liebt' ich,
heute leid' ich:
Morgen sterb' ich,
dennoch denk ich
heut' und morgen
gern an gestern.

☆

Nichts kann mehr zu einer Seelenruhe beitragen,
als wenn man gar keine Meinung hat.

☆

Wie heißt das schlimmste Tier mit Namen?
So fragt ein König einen weisen Mann.
Der Weise sprach: Von wilden heißts Tyrann,
und Schmeichler von den zahmen.

☆

Ein einzig böses Weib
lebt höchstens in der Welt:
Nur schlimm, daß jeder seins
für dieses einzge hält.

Die Religion ist nicht wahr,
weil die Evangelisten und Apostel sie lehren,
sondern sie lehrten sie, weil sie wahr ist.

☆

Weniger wäre mehr.

☆

Die grübelnde Vernunft dringt sich in alles ein.

☆

Gott schuf den Menschen nach seinem Bilde,
das heißt vermutlich der Mensch schuf Gott
nach dem seinigen.

☆

In Armut bist du heiter, Freund:
Drum hüt dich vor Fortunens Tücke,
daß nicht ihr Neid erwacht und meint,
du lebtest in zu großem Glücke.

☆

Reiz ist Schönheit in Bewegung.

☆

Wir malen mit den Augen der Liebe,
und Augen der Liebe müssen
uns auch nur beurteilen.

Kann man denn nicht auch lachend
sehr ernsthaft sein?

☆

Es sind nicht alle frei,
die ihrer Ketten spotten.

☆

Nur der Irrtum ist unser Teil,
und der Wahn
ist unsre Wissenschaft.

☆

Der Wille und nicht die Gabe
macht den Geber.

☆

Der Blick des Forschers fand
nicht selten mehr,
als er zu finden wünschte.

☆

Oh, man ist auch verzweifelt wenig,
wenn man weiter nichts als ehrlich.

Ein gutes Gedächtnis ist eine gute Gabe Gottes,
Vergessenkönnen ist oft
eine noch bessere Gabe Gottes.

☆

Jeder Fehler erscheint unglaublich dumm,
wenn andere ihn begehen.

☆

Vieles Lesen macht stolz und pedantisch,
viel sehen macht weise, vernünftig und nützlich.

☆

Viele Spötter meinen, reich an Geist zu sein,
und sind nur arm an Takt.

Wenn ein Buch und ein Kopf zusammenstoßen
und es klingt hohl, ist das allemal im Buch?

☆

Wer in sich selbst verliebt ist,
hat wenigstens bei seiner Liebe den Vorteil,
daß er nicht viel Nebenbuhler erhalten wird.

☆

Wer sich selbst kennt, kann sehr bald
alle anderen Menschen kennenlernen;
es ist alles Zurückstrahlung.

☆

Die Bescheidenheit müßte die Tugend derer sein,
denen die anderen fehlen.

☆

Die Fliege, die nicht geklappt sein will, setzt sich
am sichersten auf die Klappe selbst.

☆

Die großen Begebenheiten in der Welt werden
nicht gemacht, sondern finden sich.

☆

Mir tut es allemal weh, wenn ein Mann
von Talent stirbt, denn die Welt hat dergleichen
nötiger als der Himmel.

Und du selber? Bist du echt beflügelt?
Oder nur gemalt und abgespiegelt?

☆

Allgemach beschlich es mich mit Grauen,
Schein und Wesen so verwandt zu schauen...

☆

Wie das Schüttern zarter Saiten
schlichen sich in jedes Herz
deine stillen Lieblichkeiten
deiner Züge leiser Schmerz!

Aus der Eltern Macht und Haus
tritt die züchtige Braut heraus
an des Lebens Scheide –
geh und lieb und leide!

☆

Warum war dirs nicht gegeben,
mutig deinen Tag zu leben?

☆

Was Gott ist, wird in Ewigkeit
kein Mensch ergründen,
doch will er treu sich allezeit
mit uns verbünden.

☆

Bemeßt den Schritt! Bemeßt den Schwung!
Die Erde bleibt noch lange jung!

☆

Keiner wird auf meiner Burg es wagen
dich um deinen Glauben zu befragen!

☆

Im Paradiese selber träfe man wohl einen an,
den man nicht leiden kann.

Die Liebe eng verbundener Freunde,
wie wir es sind, ist ein Wunder.

☆

Man muß immer etwas haben,
auf das man sich freut, und das ist
schon eine gescheite Gewohnheit,
sich einen Wunsch vorzunehmen,
auf dessen Erfüllung man spart.

☆

Brich nur die Dielen auf, wenn es um dich stinkt.
Die tote Maus wird sich finden.

Einen verzwickten Gemütszustand,
gewisse Schmerzen, Überraschungen und
Verlegenheiten verarbeitet man weit leichter
in irgendeiner fremden, ungestörten Umgebung
als innerhalb der eigenen Wände.

☆

Besser dünkt ja allen, was vergangen ist.

☆

Die Männer stehen wie verzückt,
Ein jeder nach dem Wunder blickt...

☆

Zuletzt brach ich in lautes Schluchzen aus,
Und Hand in Hand verließen wir das Haus.

☆

Doch immer behalten die Quellen das Wort,
Es singen die Wasser im Schlafe noch fort...

☆

Und weil es mir am Lichte fehlt,
Da scheint der Mond in mein Gezelt'...

Die Nerven von Spinnengeweb',
d'Herzen von Wachs und die Köpferl von Eisen;
das is' der Grundriß der weiblichen Struktur.

☆

Der Ernst hat eine feierliche, eine schauerliche,
überhaupt viele sehr ernsthafte Seiten, aber ein
elektrisches Fleckerl hat er doch immer, und da fahren
bei der gehörigen Reibung die Funken
der Heiterkeit heraus.

☆

Ich glaube von jedem Menschen das
Schlechteste, selbst von mir, und ich hab' mich
noch selten getäuscht.

Sie liebt mich bis zur Raserei:
Schafskopf hat sie gesagt! Das tät' einen andern
abschrecken, denn das sagt man nur
zu einem dummen Kerl, der einem z'wider is',
aber der Ton, in dem sie den Schafskopf ausgesprochen hat, darin liegt die Liebe. Drum sag' ich:
Auskennen muß man sich mit die Frauenzimmer!

☆

Überhaupt hat der Fortschritt das an sich, daß er viel
größer ausschaut, als er wirklich ist.

☆

Die eigenen Kinder sind
dem Vater gewiß immer die liebsten,
und wenn's wahre Affen sind, so g'fallen ein'm
doch die eigenen Affen besser als fremde Engel.
Hingegen hat man als Gatte oft eine engelschöne
Frau, und momentan g'fallt ein'm a andere besser,
die nicht viel hübscher is' als ein Aff'.
Das sind die psychologischen Quadrillierungen,
die das Unterfutter unseres Charakters bilden.

☆

Schaun Sie, ich nehmet gar kein Geld,
aber 's Geld braucht man halt zum Leben;
und leben tu ich in einem fort,
also brauch' ich auch in einem fort Geld.

Strenge Moralisten sagen: um glücklich zu sein, muß man alle Leidenschaften aus sich verbannen. Dieser Rat ist ungefähr so gut, als wenn man einem, der über enge Stiefel schilt, sagt, er solle sich beide Füße amputieren lassen, damit er kein' Verdruß mehr mit dem Schuster hat.

☆

Ja, ja, lang leben will halt alles,
aber alt werden will kein Mensch.

☆

Ja, die reichen Leut wissen nicht, in was für enorme Verlegenheit sie oft die Armen stürzen, bloß durch das, daß sie in ihrer glücklichen Gedankenlosigkeit Kleinigkeiten schuldig bleiben.

☆

Wer is' genügsam? Der, welcher mit allem zufrieden is'. Jeder Mensch aber wär' mit allem zufrieden, wenn er alles hätt'; weil aber kein Mensch alles hat, drum sind s' alle unzufrieden.

☆

Zum Leben gehört sich, billig gerechnet, eine Million, und das ist nicht genug, auch ein geist'ger Aufschwung g'hört dazu; aber das find't man höchst selten beisammen.

Das Geld, was man für seine Hochzeit ausgibt,
ist sehr häufig die erste Einzahlung in
die wechselseitige Lebensverbitterungsanstalt.

☆

Die Erde ist ein Himmelskörper,
auf dem die Unglücklichen ein höllisch Leben haben.
Armut is' ohne Zweifel das Schrecklichste.
Mir dürft' einer zehn Millionen herlegen und sagen,
ich soll arm sein dafür, ich nehm's nicht.

☆

Über ein altes Weib geht nix als ein Mann
der ein altes Weib ist.

☆

Sie brauchen nichts zu sagen.
Sie sind ein reicher Mann; aber ich bin ein armer
Teufel – mir muß was einfallen.

☆

Der Mensch ist gut – die Leut' sind schlecht.

☆

Das is' ja das Vergnügen der alten Tage,
daß man alles besser einsieht, daß man sich einbildet,
g'scheiter zu sein, und daß man sich mit dem
Gedanken foppt: Wenn ich noch einmal jung wäre,
jetzt tät' ich anders handeln! Dieses Vergnügens
beraubt man sich offenbar, wenn man in der Jugend
schon gescheit und vernünftig wär'.

Das Licht hat die größte G'schwindigkeit
in der Natur; drum hat auch das üble Licht,
das auf ein Wesen fallt, so eine schnelle Verbreitung.

☆

Das Glück ist eine leichtfertige Person,
die sich stark schminkt und von ferne schön ist.

☆

Die Zensur ist die jüngere von zwei schändlichen
Schwestern, die ältere heißt Inquisition.

☆

Zuviel plauschen die Weiber erst, wenn sie alt sind.
Wenn sie jung sind, verschweigen sie einem zuviel.

☆

Wenn nur der Kutscher klar sieht, dann wird auch mit
blinden Pferden das Ziel erreicht.

☆

Großmut findet immer Bewunderer, selten
Nachahmer, denn sie ist eine zu kostspielige Tugend.

☆

Wenn man einen hinauswirft, ist es genug;
für was denn Grobheiten auch noch?

☆

Ich bin ein angehender Greis, der Hoffnung hat,
ehrwürdig zu werden. Also nichts zu fürchten!

Täuschung ist eine feine, aber starke Kette,
die durch alle Glieder der Gesellschaft sich zieht;
Betrügen oder Betrogenwerden, das ist die Wahl, und
wer glaubt, es gibt ein Drittes, betrügt sich selbst.

☆

Nein, wenn die Gäste wüßten, wie z'wider
sie einem oft sind, es ließ sich gar kein Mensch mehr
einladen auf der Welt.

☆

Ich stehl kein Geld, denn ich bin ein ehrlicher Mann,
doch das wäre das Geringste; aber ich fürchte mich
schon vorm Erwischtwerden zu stark, das ist
bei mir die Hauptsach.

☆

Du hättest recht, wenn die Dummheit eine
Geistesschwäche wäre, leider ist sie aber eine
furchtbare Stärke, sie ist ein Fels, der unerschüttert
dasteht, wenn auch ein Meer von Vernunft ihm
seine Wogen an die Stirne schleudert.

☆

Wenn's drauf ankommt, eine Geliebte zu betrügen,
da ist der Dümmste ein Philosoph.

Das beste Mittel, jeden Tag gut zu beginnen, ist: beim Erwachen daran zu denken, ob man nicht wenigstens einem Menschen an diesem Tage eine Freude machen könne.

☆

Viele Menschen warten ihr Leben lang auf die Gelegenheit, auf ihre Art gut zu sein.

☆

Wenn man viel hineinzustecken hat, so hat ein Tag hundert Taschen.

☆

Was aus Liebe getan wird, geschieht immer jenseits von Gut und Böse.

Wenn einer viel und klug denkt,
so bekommt nicht nur sein Gesicht,
sondern auch sein Körper ein kluges Aussehen.

☆

Wer gegen Personen bescheiden ist,
zeigt gegen Sachen (Stadt, Staat, Gesellschaft, Zeit,
Menschheit) um so stärker seine Anmaßung.
Das ist seine Rache.

☆

Wenn die Tugend geschlafen hat,
wird sie frischer aufstehen.

☆

Der gewöhnliche Mensch ist mutig und
unverwundbar, wie ein Held, wenn er die Gefahr
nicht sieht, für sie keine Augen hat.
Umgekehrt: der Held hat die einzig
verwundbare Stelle auf dem Rücken, also dort,
wo er keine Augen hat.

☆

Man wird selten irren, wenn man extreme
Handlungen auf Eitelkeit, mittelmäßige auf
Gewöhnung und kleinliche auf Furcht zurückführt.

Der Asket macht aus der Tugend eine Not.

☆

Man muß zum Zwecke der Erkenntnis
jene innere Strömung zu benutzen wissen,
welche uns zu einer Sache hinzieht,
und wiederum jene, welche uns,
nach einer Zeit, von der Sache fortzieht.

☆

Der beste Freund wird wahrscheinlich
die beste Gattin bekommen, weil die gute Ehe
auf dem Talent zur Freundschaft beruht.

☆

Der Mensch mag sich noch so weit
mit seiner Erkenntnis ausrecken, sich selber
noch so objektiv vorkommen: zuletzt trägt er
doch nichts davon als seine eigene Biographie.

☆

Nicht selten begegnet man Kopien bedeutsamer
Menschen; und den meisten gefallen,
wie bei Gemälden so auch hier,
die Kopien besser als die Originale.

Man lobt oder tadelt, je nachdem
das eine oder das andre mehr Gelegenheit gibt,
unsere Urteilskraft leuchten zu lassen.

☆

Mutige Leute überredet man dadurch
zu einer Handlung, daß man dieselbe gefährlicher
darstellt, als sie ist.

☆

Für den Einsamen ist schon Lärm ein Trost.

☆

Die Güte einer Ehe bewährt sich dadurch, daß sie
einmal eine "Ausnahme" verträgt.

☆

Ein Beruf ist das Rückgrat des Lebens.

☆

Von dem, was du erkennen und messen willst,
mußt du Abschied nehmen, wenigstens auf eine Zeit.
Erst wenn du die Stadt verlassen hast, siehst du, wie
hoch sich die Türme über die Häuser erheben.

☆

Du willst nach deinen Absichten
bemessen sein und nicht nach deinen Wirkungen?
Aber woher hast du denn deine Absichten?
Aus deinen Wirkungen!

Man muß sich klar machen, daß wir uns
ganz absurd ausnehmen, wenn wir das Altertum
verteidigen und beschönigen: was sind wir!

☆

Man verdirbt einen Jüngling am sichersten, wenn
man ihn verleitet, den Gleichdenkenden höher zu
achten als den Andersdenkenden.

☆

Wer befehlen kann, findet die,
welche gehorchen müssen.

☆

Architektur ist eine Art Macht –
Beredsamkeit in Formen, bald überredend,
selbst schmeichelnd, bald bloß befehlend.

☆

Besserung ist:
Etwas sichtbar werden lassen von dem,
was den guten Menschen gefällt.
Nicht mehr!

☆

An sich denken gibt wenig Glück.
Wenn man aber viel Glück dabei hat,
liegt es daran, daß man im Grunde
nicht an sich, sondern
an sein Ideal denkt.

Freigebigkeit ist bei Reichen oft nur
eine Art Schüchternheit.

☆

Einstmals war das Ich
in der Herde versteckt:
und jetzt ist im Ich noch
eine Herde versteckt.

☆

Man wird die Menge nicht eher
zum Hosiannarufen bringen, bis man
auf einem Esel in die Stadt einreitet.

☆

Niemand will sie geschenkt: so muß sie
sich schon verkaufen!

☆

Grausamkeit ist eine versetzte und geistiger
gewordene Sinnlichkeit.

Mensch werden ist eine Kunst.

☆

Die Liebe ist der Endzweck der Weltgeschichte,
das Amen des Universums.

☆

Freiheit ist, wie Glück, dem schädlich
und jenem nützlich.

☆

Einem gelang es: er hob den Schleier
der Göttin zu Sais. Aber was sah er? –
Er sah – Wunder des Wunders,
sich selbst.

Teufel und Gott sind die Extreme,
aus denen der Mensch entsteht.
Teufel ist die vernichtende,
Gott die schaffende Kraft.

☆

Das Ich ist nichts anderes als Wollen und Vorstellen.

☆

Genie ist das Vermögen, von eingebildeten
Gegenständen wie von wirklichen zu handeln.

☆

Unser ganzes Leben ist Gottesdienst.

☆

Auf Vergleichen, Gleichen läßt sich wohl
alles Erkennen, Wissen zurückführen.

☆

Ein Kind ist eine sichtbar gewordene Liebe.

☆

Jede Neigung zu verschließen,
hart und kalt zu sein wie Stein,
schöne Augen nicht zu grüßen,
fleißig und allein zu sein,
keiner Bitte nachzugeben:
Heißt das wohl ein Jugendleben?

Der Tod ist eine Selbstbesiegung,
die, wie alle Selbstüberwindung, eine neue
leichtere Existenz verschafft.

☆

Gelehrsamkeit entspricht dem Gedächtnis,
Fähigkeit und Geschicklichkeit entsprechen
dem Geist.

☆

Wer die Wahrheit verrät,
verrät sich selbst.
Es ist hier nicht die Rede vom Lügen,
sondern vom Handeln
gegen Überzeugung.

☆

Wir sind auf einer Mission:
Zur Bildung der Erde
sind wir berufen.

☆

Kinder sind Hoffnungen.

☆

Der Wein schlich zwischen den Schüsseln
und Blumen umher, schüttelte seine
goldenen Flügel und stellte bunte Tapeten
zwischen die Welt und die Gäste.

Spielen ist Experimentieren mit dem Zufall.

☆

Es ist Trägheit, was uns
an peinliche Zustände kettet.

☆

Der vollständige und vollkommene Künstler
überhaupt ist von selbst sittlich –
so auch der vollständige und vollkommene
Mensch überhaupt.

☆

Der Raum geht in die Zeit, wie der Körper
in die Seele über.

☆

Wer Gott suchen will, der findet ihn überall.

☆

Die Poesie ist das echt absolut Reelle.
Dies ist der Kern meiner Philosophie.
Je poetischer, desto wahrer.

☆

Neigungen zu haben
und sie zu beherrschen ist rühmlicher
als Neigungen zu meiden.

Der Geist führt einen ewigen
Selbstbeweis.

☆

Schlimm ist,
daß bei uns nur die Wahl zwischen
Ehe und Einsamkeit ist.

☆

Grober Eigennutz
ist das notwendige Resultat
armseliger Beschränktheit.

☆

Ein Charakter ist ein vollständig
gebildeter Wille.

☆

Setzt man das Böse
der Tugend entgegen, so tut man ihr
zu viel Ehre an.

☆

Beten ist in der Religion,
was Denken in der Philosophie ist;
der religiöse Sinn betet, wie das
Denkorgan denkt.

Ganz begreifen werden wir uns nie,
aber wir werden und können uns weit mehr
als begreifen.

☆

Der Sitz der Seele ist da,
wo sich Innenwelt und Außenwelt berühren.
Wo sie sich durchdringen, ist er in jedem Punkt
der Durchdringung.

☆

Die Blüte
ist das Symbol des Geheimnisses
unsres Geistes.

Gott sei Dank, daß der Spaß nicht tot zu kriegen ist
in dieser mürrischen Welt.

☆

Was man von der Mutter hat, das sitzt fest
und läßt sich nicht ausreden.

☆

Das Genie macht die Fußstapfen.
Das nachfolgende Talent tritt in dieselben hinein,
tritt sie aber schief.

☆

"Es kommt immer ganz anders!"
Das ist ein wahres Wort und im Grunde
zugleich auch der beste Trost.

Die meisten Menschen sind Münzen,
nur wenige sind Prägestöcke.

☆

Das Beste gehört nicht uns zu,
und wir wissen nicht, von wem wir's haben.
Was sind wir allesamt anderes als Boten, die versiegelte Gaben zu unbekannten Leuten tragen?

☆

Es gibt eine Vornehmheit, das heißt
eine Unbefangenheit des Plebs,
die dem Bourgeois ewig ein Rätsel bleibt.

☆

Arme Sünder allesamt: "Da ich mir selber
nicht imponiere, braucht mir auch kein
anderer zu imponieren."

☆

Die wirklichen großen Herren in der Welt
knöpfen erst im Tode ihren Oberrock auf,
um ihren Stern zu zeigen.

☆

Man kommt nicht in die Welt,
um sich auszusuchen,
sondern um "vorlieb" zu nehmen.

Scheint die Sonne noch so schön
einmal muß sie untergehn.

☆

Da streiten sich die Leut herum,
oft um den Wert des Glücks.

☆

Das Schicksal setzt den Hobel an,
und hobelt alles gleich.

☆

So leb denn wohl, du stilles Haus!

So mancher steigt herum,
der Hochmut bringt ihn um.

☆

Da streiten sich die Leut herum,
oft um den Wert des Glücks,
der eine heißt den andern dumm,
am Ende weiß keiner nix.

☆

Geld kann vieles in der Welt,
Jugend kauft man nicht um Geld.

Die Stimme der Freundschaft
in der Not zu vernehmen,
ist das Göttlichste, was dem
Menschenherzen widerfahren kann.

☆

Die Welt wird nie das Glück erlauben,
als Beute wird es nur gehascht,
entwenden mußt du's oder rauben,
eh' dich die Mißgunst überrascht.

☆

Ich habe genossen das irdische Glück,
ich habe gelebt und geliebet!

Was ist die Mehrheit?
Mehrheit ist der Unsinn; Verstand ist
stets bei Wenigen nur gewesen.
Das Spiel des Lebens sieht sich heiter an,
wenn man den sichern Schatz im Herzen trägt,
und froher kehr' ich, wenn ich es gemustert,
zu meinem schönern Eigentum zurück.

☆

Es reden und träumen die Menschen viel
von bessern künftigen Tagen;
nach einem glücklich, goldenen Ziel
sieht man sie rennen und jagen.

☆

Die Hoffnung führt ihn ins Leben ein,
sie umflattert den fröhlichen Knaben,
den Jüngling begeistert ihr Zauberschein,
sie wird mit dem Greis nicht begraben;
denn beschließt er im Grabe den müden Lauf,
noch am Grabe pflanzt er – die Hoffnung auf.

☆

"Gott nur siehet das Herz." –
Drum eben, weil Gott nur das Herz sieht,
sorge, daß wir doch auch etwas
Erträgliches sehn.

Nie verläßt uns der Irrtum,
doch zieht ein höher Bedürfnis,
immer den strebenden Geist
leise zur Wahrheit hinan.

☆

Nur zwei Tugenden gibt's.
O, wären sie immer vereinigt,
immer die Güte auch groß,
immer die Größe auch gut!

☆

"Woran erkenn ich den besten Staat?"
Woran du die beste Frau kennst!
Daran, mein Freund, daß man
von beiden nicht spricht.

☆

Wie verfährt die Natur,
um Hohes und Niedres im Menschen
zu verbinden? Sie stellt
Eitelkeit zwischen hinein.

☆

Das Gesetz ist der Freund
des Schwachen.

Willst du dich selber erkennen,
so sieh, wie die andern es treiben.
Willst du die andern verstehn,
blick in dein eigenes Herz.

☆

Siehe, wir hassen, wir streiten,
es trennet uns Neigung und Meinung.
Aber es bleichet indes dir
sich die Locke wie mir.

☆

Glücklicher Säugling!
Dir ist ein unendlicher Raum noch die Wiege.
Werde Mann, und dir wird eng die unendliche Welt.

☆

Wohl dem, der gelernt hat,
zu ertragen, was er nicht ändern kann, und
preiszugeben mit Würde, was er nicht retten kann.

☆

Mein bester Sohn! Es ist nicht immer möglich,
im Leben sich so kinderrein zu halten,
wie's uns die Stimme lehrt im Innersten.
In steter Notwehr gegen arge List
bleibt auch das redliche Gemüt nicht wahr.
Das eben ist der Fluch der bösen Tat,
daß sie, fortzeugend, immer Böses muß gebären.

Welche Religion ich bekenne?
Keine von allen, die du mir nennst.
– Und warum keine? – Aus Religion.

☆

Die Liebe ist der Liebe Preis.

☆

Dreifach ist der Schritt der Zeit:
Zögernd kommt die Zukunft angezogen,
pfeilschnell ist das Jetzt entflogen,
ewig still steht die Vergangenheit.

☆

Suchst du das Höchste, das Größte?
Die Pflanze kann es dich lehren.
Was sie willenlos ist, sei du es wollend –
das ist's.

☆

Einfachheit ist das Resultat
der Reife.

☆

Geflügelt ist das Glück und schwer zu binden,
nur in verschloßner Lade wird's bewahrt.
Das Schweigen ist zum Hüter ihm gesetzt.
Und rasch entfliegt es, wenn Geschwätzigkeit
voreilig wagt, die Decke zu erheben.

Anmut ist eine Schönheit,
die nicht von der Natur gegeben,
sondern von dem Subjekte selbst
hervorgebracht wird.

☆

Egoismus ist Einsamkeit.

☆

Eng ist die Welt, und das Gehirn ist weit.
Leicht beieinander wohnen die Gedanken,
doch hart im Raume stoßen sich
die Sachen.

☆

Berge lagen mir im Wege,
Ströme hemmten meinen Fuß,
über Schlünde baut ich Stege,
Brücken durch den wilden Fluß.

☆

...und was von allen deinen Schätzen
dein Herz am höchsten mag ergetzen,
das nimm und wirfs in dieses Meer.

☆

Von des Lebens Gütern allen
ist der Ruhm das höchste doch.
Wenn der Leib in Staub zerfallen,
lebt der große Name noch.

Die Kirche ist's, die heilige, die hohe,
die zu dem Himmel uns die Leiter baut.

☆

Sag selbst, was ich dir wünschen soll,
ich weiß nichts zu erdenken.
Du hast ja Küch und Keller voll,
nichts fehlt in deinen Schränken.

☆

Und wie im Meere Well auf Well,
so läufts von Mund zu Munde schnell...

☆

Auf den Bergen ist Freiheit!
Der Hauch der Grüfte steigt nicht hinauf
in die reinen Lüfte.

☆

Ehret die Frauen, sie flechten und weben
himmlische Rosen ins irdische Leben.

☆

Er ruft die Menschen an, die Götter,
sein Flehen dringt zu keinem Retter...

☆

Wisset, ein erhabner Sinn
legt das Große in das Leben,
und er sucht es nicht darin!

Welche Verehrung verdient der Weltschöpfer,
der gnädig, als er den Korkbaum erschuf,
gleich auch die Stöpsel erfand.

☆

Vier Elemente,
innig gesellt,
bilden das Leben,
bauen die Welt.

☆

Ich sei, gewährt mir die Bitte,
in eurem Bunde der Dritte.

☆

Was blutig anfing mit Verrat und Mord,
das setzt sich auch durch blutige Taten fort.

☆

Sie teilte jedem eine Gabe,
dem Früchte, jenem Blumen aus;
der Jüngling und der Greis am Stabe,
ein jeder ging beschenkt nach Haus.

☆

Wer zählt die Völker, nennt die Namen
die gastlich hier zusammen kamen?

Denk dir ein Endliches ins Unendliche gebildet,
so denkst du einen Menschen.

☆

Verstand ist mechanischer, Witz ist chemischer,
Genie ist organischer Geist.

☆

Vieles, was Dummheit scheint, ist Narrheit,
die gemeiner ist, als man denkt.
Narrheit ist absolute Verkehrtheit der Tendenz,
gänzlicher Mangel an historischem Geist.

☆

Jeder ungebildete Mensch
ist die Karikatur von sich selbst.

Witzige Einfälle sind die Sprichwörter
der gebildeten Menschen.

☆

Nur diejenige Verworrenheit ist ein Chaos,
aus der eine Welt entspringen kann.

☆

Freundschaft ist partiale Ehe,
und Liebe ist Freundschaft
von allen Seiten
und nach allen Richtungen,
universelle Freundschaft.

☆

Nur um eine liebende Frau her
kann sich eine Familie bilden.

☆

Immer gleich zu reagieren
ist das Kennzeichen der Schwäche.
Jenes innere Crescendo der Empfindungen ist
die Eigenheit energischer Naturen.

☆

Müßiggang, du heiliges Kleinod,
einziges Fragment der Gottähnlichkeit,
das uns noch aus dem Paradiese blieb!

Jedes Kind ist gewissermaßen ein Genie,
und jedes Genie ist gewissermaßen ein Kind.

☆

Für das praktische Leben ist das Genie so brauchbar
wie ein Stern-Teleskop im Theater.

☆

Ganz er selbst sein darf jeder nur,
solange er allein ist;
wer also nicht die Einsamkeit liebt,
der liebt auch nicht die Freiheit:
Denn nur wenn man allein ist, ist man frei.

Ein Hauptstudium der Jugend sollte sein,
die Einsamkeit ertragen zu lernen,
weil sie eine Quelle des Glückes
und der Gemütsruhe ist.

☆

Einsamkeit ist das Los
aller hervorragenden Geister.

☆

Wenn Erziehung und Ermahnung
irgend etwas fruchteten; wie könnte dann
Senecas Zögling ein Nero sein?

☆

Seitdem Amors Köcher auch
vergiftete Pfeile führt, ist in das Verhältnis
der Geschlechter zueinander
ein fremdartiges, feindseliges,
ja teuflisches Element gekommen.

☆

Höflichkeit ist wie ein Luftkissen,
es mag wohl nichts drin sein,
aber es mildert die Stöße des Lebens.

☆

Was die Menschen gemeiniglich
ihr Schicksal nennen, sind meistens
nur ihre eigenen dummen Streiche.

Wir fühlen den Schmerz,
aber nicht die Schmerzlosigkeit;
wir fühlen die Sorge, aber nicht
die Sorglosigkeit; die Furcht,
aber nicht die Sicherheit.

☆

Im Alter versteht man besser,
die Unglücksfälle zu verhüten,
in der Jugend, sie zu ertragen.

☆

Der Reichtum gleicht dem Seewasser;
je mehr man davon trinkt,
desto durstiger wird man.

☆

Jede Nation spottet über die andern,
und alle haben recht.

☆

Ein eigentlicher Fehler der Deutschen ist,
daß sie, was vor ihren Füßen liegt,
in den Wolken suchen.

☆

Vom Standpunkt der Jugend aus gesehen,
ist das Leben eine unendlich lange Zukunft;
vom Standpunkt des Alters aus,
eine sehr kurze Vergangenheit.

Ich glaube, daß wenn der Tod
unsere Augen schließt,
wir in einem Lichte stehn,
von welchem unser Sonnenlicht
nur der Schatten ist.

☆

Ein Ruhm, der schnell erfolgt,
erlischt auch früh.

☆

Was nun aber ... uns am unmittelbarsten beglückt,
ist die Heiterkeit des Sinnes:
denn diese gute Eigenschaft belohnt sich
augenblicklich selbst.

☆

Wer nicht achtet, wird geachtet.

☆

Ist doch Geist und Verstand an den Tag legen
nur eine indirekte Art, allen andern ihre Unfähigkeit
und ihren Stumpfsinn vorzuwerfen.

☆

Alle Beschränkung beglückt.

Was wäre denn der Künstler, wenn ihn
gleich jeder Narr verstünde?

☆

Es ist ein wahres Glück,
daß ich krank geworden bin; denn das Buch
wird jetzt viel schöner.

☆

Der Mensch kann nicht leben
ohne das sittlich Große,
ja, wenn es ihm entzogen wird,
verlangt er danach mit heftigerem Hunger
als nach jedem anderen Ding
dieser Erde.

Das beste, was der Mensch
für einen anderen tun kann,
ist doch immer das,
was er für ihn ist.

☆

Die Wissenschaft, die Industrie,
in gewissen Zweigen auch die Kunst (aber weniger)
haben erstaunliche Fortschritte gemacht –
aber das Gute, ich meine das Menschlich-Gute,
was diese Dinge brachten,
wievielen wurde es zuteil?

☆

Ich glaube,
daß es keine andere Krankheit
der Zeit gibt als Unwissenheit
und Unredlichkeit.

☆

Das Tier kennt nicht
Vergleich mit dem Gegner, sondern
nur dessen Vernichtung.

☆

Das Mutterherz ist der schönste
und unverlierbarste Platz des Sohnes,
selbst wenn er schon graue Haare trägt;
und jeder hat im ganzen Weltall nur
ein einziges solches.

Wenn einmal eine Bewegung ausbricht,
dann behüte uns Gott vor den Journalisten
und Professoren.

☆

Güte ist das erste und letzte Gut der Frauen;
und (erlauben Sie dem Freunde die Bemerkung)
geben Sie Ihrer künftigen Gattin
ein Hauswesen voll Haussorgen, und sie wird
darin glücklich sein; denn den Guten ist ihr Haus
ihr Königreich.

☆

Die Edelsten,
welche lange Jahre gehorsamt haben,
kennen nur Gehorsam und kommen,
wenn sie selber anzuordnen haben,
ins Befehlen, statt ins Organisieren,
so wie Kinder, wenn sie Eltern spielen,
nur die ihrigen kopieren können.

☆

Der feste freie Mann
läßt dem andern auch Festigkeit und Freiheit,
ja, er achtet ihn nur, wenn er beides hat;
seine Waffe ist gegen den Freien das Wort
und der Grund, gegen den Angreifer
das Schwert.

Gebe Gott, daß man anfange einzusehen,
daß nur Rat und Mäßigung zum Baue führen kann;
denn bauen, nicht stets einreißen, tut not.

☆

In der Glätte und Verflachung unserer Zeit
ging alle tiefe Gemütskraft und Glaubenstreu unserer
Voreltern unter, was sie auch immer unter uns stellen
mag an Wissen und Erfahrung:
fromme Kraft stellt sie weit über uns, und diese war
allen gemein, sie war Geist der Zeit:
denn nur sie bringt das Bleibende hervor, was er
durch Individuen zwar wirkt aber er erzeugt
selbst die Individuen.

☆

Ich brauche Ruhe
und Heiterkeit der Umgebung
und vor allem Liebe,
wenn ich arbeite.

Wo zum Weib Du nicht die Tochter
wagen würdest zu begehren,
halte Dich zu wert, um gastlich
in dem Hause zu verkehren.

☆

Dunkle Zypressen –
die Welt ist gar zu lustig;
sie wird doch alles vergessen.

☆

Der Glaube ist zum Ruhen gut,
doch bringt er nichts von der Stelle.
Der Zweifel in ehrlicher Männerfaust,
der sprengt die Pforten der Hölle.

Hehle nimmer mit der Wahrheit!
Bringt sie Leid, nicht bringt sie Reue;
doch weil Wahrheit eine Perle, wirf sie
auch nicht vor die Säue.

☆

Wenn der Pöbel aller Sorte
tanzet um die goldnen Kälber,
halte fest: du hast vom Leben
doch am Ende nur dich selber.

☆

Hüte, hüte den Fuß und die Hände,
eh sie berühren das ärmste Ding!
Denn du zertrittst eine häßliche Raupe,
und tötest den schönsten Schmetterling.

☆

Und war es auch ein großer Schmerz,
und wär's vielleicht gar keine Sünde,
wenn es noch einmal vor dir stünde,
du tätest es noch einmal, mein Herz.

☆

Wer je gelebt in Liebesarmen,
der kann im Leben nie verarmen.

☆

Blüte edelsten Gemütes ist eine Rücksicht;
doch zuzeiten sind erfrischend wie Gewitter
goldne Rücksichtslosigkeiten.

Du schläfst – so will ich leise flehen:
o schlafe sanft! und leise will ich gehen,
daß dich nicht störe meiner Tritte Gang,
daß du nicht hörest meiner Stimme Klang.

☆

Das macht, es hat die Nachtigall
die ganze Nacht gesungen;
da sind von ihrem süßen Schall,
da sind in Hall und Widerhall
die Rosen aufgesprungen.

☆

Wie sanft die Nacht dich zwingt zur Ruh,
stiller werden des Herzens Schläge;
die lieben Augen fallen dir zu,
heimlich nur ist die Sehnsucht rege.

☆

Die Lieb ist wie ein Wiegenlied;
es lullt dich lieblich ein;
doch schläfst du kaum, so schweigt das Lied,
und du erwachest allein.

☆

Du weißt doch, was ein Kuß bekennt?
Sonst hörst du auf zu küssen!
Ich dächt, er sei ein Sakrament,
das alle Völker wissen.

Köchinnen sind grausam,
und Menschlichkeit wächst nicht
in meiner Küche.

☆

Die Kränze, die du dir als Kind gebunden,
sie sind verwelkt und längst zu Staub verschwunden;
doch blühn wie damals noch Jasmin und Flieder,
und Kinder binden deine Kränze wieder.

☆

So komme, was da kommen mag!
Solang du lebest, ist es Tag.

☆

Was du immer kannst zu werden,
Arbeit scheue nicht und Wachen;
aber hüte deine Seele
vor dem Karrieremachen!

☆

Am Ende pflegen die Idealisten
doch recht zu behalten, wenn auch mitunter vielleicht
hundert Jahre, nachdem sie begraben sind.

So schwimmt die Liebe
zu Wüsten ab;
ach! daß sie bliebe
bis an das Grab!

☆

Mondbeglänzte Zaubernacht,
die den Sinn gefangen hält,
wundervolle Märchenwelt,
steig auf in der alten Pracht!

☆

Das dürftigste Schicksal,
das kläglichste entwickelt sich in den Ehen
in welchen das Weib höher steht
als der Mann.

Es lebt der Wald von
wunderbaren Zungen.

☆

Waldeinsamkeit,
die mich erfreut,
so morgen wie heut,
in ewiger Zeit,
o wie mich freut
Waldeinsamkeit!

☆

Aus Ärger katholisch werden.

☆

Eigennutz ist die Klippe,
an der jede Freundschaft zerschellt.

Den wird man einen Ritter nennen,
der nie sein Ritterwort vergißt.

☆

Andre Zeiten, andre Musen.

☆

Wenn ein Gedanke,
der die Menschheit ehrt,
den Sieg errang,
so war's der Mühe wert.

Wenn Lippe gern auf Lippe ruht
wir hindern's nicht,
uns dünkt es gut.

☆

Ich liebe sie, sie liebt mich,
doch keines sagt: "Ich liebe dich!"

☆

Nimm alles leicht!
Das Träumen laß und Grübeln!
So bleibst du wohl bewahrt
vor tausend Übeln.

☆

Drei Könige zu Heimsen, –
so schmollt es, – das ist viel!
Erwischt man noch den vierten,
so ist's ein Kartenspiel.

☆

Was zagest du,
Herz, in solchen Tagen,
wo selbst die Dornen
Rosen tragen?

☆

Dem Guten ist sein Lob bereitet.

Ein kleiner Mann,
ein großes Pferd,
ein kurzer Arm,
ein langes Schwert
muß eins dem andern helfen.

☆

Freiheit heißt nun meine Fee,
und mein Ritter heißet Recht.

☆

Du kamst, du gingst mit leiser Spur,
ein flüchtger Gast im Erdenland;
woher? wohin? wir wissen nur:
aus Gottes Hand in Gottes Hand.

☆

Den Geistlichen
wird man verehren,
in dem sich regt
der freie Geist.

☆

Äß lieber selbst 'nen guten Fisch,
statt daß mich Fische fressen.

☆

Was ist das für ein durstig Jahr!

Der wird als Bürger sich bewähren,
der seine Burg zu schmieren weiß.

☆

Ob mir dein Mund,
ob deine Wang' auch fehle,
so küß ich deinen Brief doch,
deine Seele.

☆

Die Welt wird schöner mit jedem Tag,
man weiß nicht, was noch werden mag,
das Blühen will nicht enden.

☆

Nun, armes Herze, sei nicht bang!
Nun muß sich alles, alles wenden!

☆

Ich bin allein auf weiter Flur.

Dem müssen wahrlich
die Wörterspiele geläufig sein, der übel sich fühlt
und noch mit Gegensätzen spielt.

☆

Der Wein gibt Witz
und stärkt den Magen.

☆

Weine nicht
um etwas, das du nie gehabt.

☆

Die Herren dieser Art blend't oft zu vieles Licht,
sie sehn den Wald vor lauter Bäumen nicht.

Ein Wahn, der mich beglückt,
ist eine Wahrheit wert,
die mich zu Boden drückt.

☆

Wie lieblich
um meinen entfesselten Busen
der holde Wahnsinn spielt!

☆

Ein einziger Augenblick
kann alles umgestalten!

☆

Genieße, was du hast,
als ob du heute noch sterben solltest;
aber spar es auch, als ob du ewig lebtest.
Der allein ist weise, der, beides eingedenk,
im Sparen zu genießen, im Genuß
zu sparen weiß.

☆

Das sei die wahre Mauer von Erz, –
nichts Böses sich bewußt sein und
von keiner Schuld erblassen.

☆

Nur Geld genug, so ist die Welt zu Kauf;
ein goldner Schlüssel schließt
alle Schlösser auf.

## Abschied an den Leser

Wenn du von allem dem, was diese Blätter füllt,
mein Leser, nichts des Dankes wert gefunden:
So sei mir wenigstens für das verbunden, was ich
zurück behielt.

*Lessing*

In dieser Geschenkbuchreihe sind erschienen:

**Alles Gute!**
Glückwünsche zu vielen Gelegenheiten

**Ausgewählte Chinesische Weisheiten**

**Klassischer Zitatenschatz**
Eine Auswahl

**Das Horoskop**
für alle Sternzeichen

**Die schönsten deutschen Balladen und Gedichte**

**Geflügelte Worte**
Eine Auslese

**Rezepte aus Omas Küche**

**Gute Besserung**
Heiteres und Besinnliches

**Rätsel, Lieder und Gedichte**
für Kinder

**Gesammelte Weisheiten**
für jeden Tag